哲学系

第1辑　终身在高处行走

主编※李子俊

江苏人民出版社

南京评论
Nanjing Review

文字的无能为力,恰恰势不可挡

目录

哲学练习（代序）

李子俊

书本

写作一本书的公益，不会多于完成它的私心。

书本并非一类容器，而是一种伦理。

好书揭示真相，好书店守护假象。

杰作从不被谁领取，而是与谁遭遇。

作者唯一不可原谅的企图是：写一本可被原谅的书。

人

把人一眼望到底是容易的；困难的是：从底部爬上来。

人之不同，正在于各自如何把握那些“相同”。

人可以纯洁得像白纸，但更应纯洁如擦去错误的橡皮。

人跟不上世界的节拍，他只用与世界重叠的部分，编织自己的乐章。

人等不及他自己，于是走向等级制。

人的错误不在于他想当上帝，而在于他只想当七天上帝。

如果我能与神交谈，那么这谈话也总能被另一个人打断。

日常生活

生活作为一项权利，恰恰出于“懂得生活”无关权利。

深明世事者不打破规则，而只制造意外。

太迷信制造意外的，更易被常规打败。

在他的敬畏之中，他才成为可被敬畏之人。

羸弱的心灵有个共同特点：过早对他者的人性盖棺定论。

“人生哲学”：使必要之物看起来重要。

人们乐于闯红灯，正如乐于攀登可以一脚跨过去的思想。

深刻总伴随羞涩。

女人是女人的替代，而男人是男人的补充。

无神论并非神的空白，而是神的留白。

紧握使命者鲜有使命感。

那走远而又立足于原地之人，他本身便被拉长为道路。

哲学·言谈·诗歌

*

哲学准则：你与世界的关系，和你在世界的经历无关。

好的哲学与纯种狗类似——体现在一种脾性的稳定性上。

哲学没有给定的领域，即使它被百分之百占据，那百分之零也是余地。

哲人的视界没有道路，只有起伏。

我曾为世界惊异之至，故而对时代格外从容。

*

对话的好处是：伦理在思想之先。

作品的价值是意义，而言谈的价值是效果。

他的话总是如此迷人，乃至真理总被挡在人墙后边。

在力所能及时保持清晰，在力所不逮处保持真诚。

*

当诗人被哲人驱逐时，他们之间充满了默契。

诗歌是哲理的谣言——而哲学常常在此谣传中被照料。

没有诗性的包庇，人将被思想赶出家门。

哲学系

哲学系从不贮存哲学的结晶；如果有，那也只能是当下的热泪。

当今中国，没有珍惜哲学家的能力；当今哲人，很多不懂得自我珍惜。

学术与人生：很遗憾，很多本该写在他脸上的哲学，都被他写在了《哲学研究》上。

学术与政治：多么可惜，他用那样高的哲学术语，来论证他那样矮的政治心态。

他的智慧刚好够付他良心的赎金。

到达深处是容易的，困难的是在那里活下来。

哲学教你那样想，无能让你那样笑。

《哲学系》

一本以全部内容作为简介的书。

一本用姓名定义“哲学家”的书。

本书主旨与内容同构："哲学家"+"X"（如本辑"X"为诗歌），后者是前者的遭遇，而应对由读者做出。

请在心神专注时阅读此书。

当你看见那最远的事，同时便踏上最短的路。

终身在高处行走 · 谈话录

一个名字指向另一个名字，生命指向负熵。

对话是人类公开的隐私，道理于沉默中返回。

面对他者，我们如何自处？当人我顺遂语言的暗流遭遇、追逐、隐没于日常；最终，又将以何为证，辨认我之为我，他之为他？

在言谈中耕耘、收获，乃至遗忘，是一种幸福；而一切以忘却为代价的幸福，总要以清醒后的困惑偿还。

感谢本辑中每一位曾同我“面对面”交谈，予我指教、给我滋养与光照的前辈。在当今汉语思想界，他们预示高峰、意味深永；以哲学为业，面朝空无，张满意义的帆。离人群很远，但离“人”最近——能与这样的人交谈，始终是我最感幸福的困惑。

访谈的主题，因人、因势而异。总的来说，围绕“人的成长”展开，希望为本书读者——尤其是对哲学抱有赤诚，或正把哲学作为志业的年轻人——在不同面向上，呈现成熟思者的思路与心路。

哲学之事，具深渊性，不可轻率。所谓“说出的话，泼出的水”，而水常有踪迹。流经深远的，在印证中成言；人言说道理。说理者既在说理，同时也在说自己是谁——命运依道理绽出。

陈嘉映

1952—

陈嘉映：行之于途而应于心

“哲学在于系统地说”

李子俊　就从最近的一个话题聊起吧。前段日子我将自己写的文字带给您看，请您指教。首先特别感谢您的肯定，同时您也说：“不要在这种格言体写作中耽搁太久。”我想我大致能明白您的意思，这回得空，可否再细致讲讲？

陈嘉映　一般说来，格言体写作是对问题或人生的某种深厚体悟的片段展现，并且，话说出来，你要尽量说得妙，这个是你的语文水平，但背后的体悟不光是修辞，还有深厚的经验基础。一句格言被人听到时，往往“深者得其深，浅者得其浅”。一般格言我们会听老年人的，因为他们的体悟可能比较深；年轻人在思考问题时应该正好相反，即尽量把他的体悟作为一个“网络”呈现出来，力图理清它涉及到的方方面面，而不是以“点”来呈现。这是从长幼之别上说。

可即使是老年人用格言体，也有这样的问题，即把那个burden（负担）放在了读者身上，读出几分意思得看你的慧根，全凭自己。而我们做哲学的，则一般把这个burden放在“我”身上，我自己要尽量全说到、说清楚。在这个意义上，哲学的一个很大的特点，是它的explicit(明确的)，是它要系统地说。

李子俊　这也是哲学不同于诗歌的特点所在。

陈嘉映　对。

“最接近哲学家的人”

李子俊　看您的书里写，你们那一代人甚至几代人的“哲学路径”其实都差不多：马克思——黑格尔——德国古典哲学。而现在年轻人进入哲学的路径会宽很多，譬如我自己，就是从尼采开始好上哲学的。都说“英雄要问出处”，在您看来，这种进入方式的不同，对一个人哲学思路的影响大吗？

陈嘉映　影响挺大的。我觉得现在年轻人进入哲学的方式有好几种，可以粗粗地分类：第一类可能挺早就接触到了一些一手的哲学文本，这样就直接进入了那些哲学问题；还一类是从科学进入的，比如本科期间学一门具体科学，学着学着，开始对其中一些所谓“更根本的问题”感兴趣，从此开始研究哲学。另一类是从诗啊、文学啊开始进入，这跟第四类靠得比较近，即从“人生问题”进入哲学。

李子俊　大众传媒对您有个定位，叫"最接近哲学家的人"，这话乍一听是种赞美，追究起来又有点儿怪了：我们不会赞美一个数学家是"最接近数学家的人"，也不会赞美一个科学家是"最接近科学家的人"，这里"哲学家"的用法，可能倒比较接近"智者"、"伟人"这些词儿了。坦诚地讲，您觉得自己是一个哲学家吗？

陈嘉映　对。这个称号我早知道了，因为我到哪去人家都用这句话。还有人忿忿不平，说"什么叫接近哲学家呀？"（笑）这个问题提得挺好的，"最接近哲学家的人"这句话，如你刚才这样细想可能是有点问题。但从语境上说，哲学家和数学家确实很不一样，它们是两种性质很不同的title(头衔)。

什么叫一个数学家呢？我认为一是他从事数学研究，二是他在数学中做出贡献。很明显地，这个定义不适合哲学家。不能说我教哲学就是哲学家了，这个大家肯定都不同意。那么第二点，在哲学中做出贡献。什么叫"在哲学中做出贡献"呢？这话本身又有点问题。比如说我在心智问题方面建了一个model（模型），这个model对很多哲学家都有影响，那我算不算对哲学做出贡献了呢？这有一个根本性的问题是，也许你在你的group(团体)里，在你的tradition（传统）里作出了贡献，而在另一个流派——比如说现象学流派——中，人家觉得你那些完全是瞎扯。这就是说，数学有一个大的base（基础），在尖端上你我可能有争执，但我们那个底盘，百分之九十九都一样。而哲学一争论，就直接争论到了底盘上去，基本上倒不会在面儿上争论。所以在这个意义上，把哲学比作任何一个学科都是对哲学的一个很深的误解。

李子俊　而现在就是这么比附的，譬如我就在念哲学系。

陈嘉映　对。这个问题，一个原因是由于行政管理的方便。你说这么一群搞哲学的人，你不把他们弄到一个系里面，这也不合适。但这样做，确实使一些外在的东西模糊了我们的看法，被一些不相干的东西引导得很错。

没有哲学的良好生活依然存在

李子俊　我发现哲学系有个特点，就是对就业率特别敏感。您写过一本书叫《何为良好生活》，哲学有这个义务为这个"良好生活"提供担保吗？

陈嘉映　这当然没有了，这肯定不是了——肯定是良好生活在前，哲学反思在后。很多人，甚至很多的文化里，都压根没有"哲学"这回事儿，但依然不妨碍这些人、这些文化有他/它的良好生活与良好传统。

“哲学系本身就应该取消”

李子俊　我在哲学系有个感慨：这么多人在弄哲学，却无处可见一个哲学家的样本。这个“物种”好像都消失了。

陈嘉映　这个说来话长。有时候讲清楚还挺困难的，当然跟你讲会容易许多。我的有些想法是和我的另外一些想法连着的。我就讲其中的一个想法吧：我认为希腊哲学，到了柏拉图、亚里士多德之后就做完了，后边的哲学就不再是它的发展了。我认为哲学的proper（本身），也就是在那里。那之后的基督教神学、基督教哲学就进入了一个相当相当不同的context(环境)，一般哲学史的观念有点太连续了，其实不是这样的。或者这么说，在中世纪，总是以哲学和神学的关系在谈哲学，而在近代，则总是以哲学和科学的关系在谈哲学。也许有“哲学”这么个名号，就导致了挺多的误解，也许用三个甚至四个不同的词儿来说，兴许还好一点呢。

李子俊　您方才讲的是传统流变导致的误解，而就我有限的经验来说，当下的误解也极深重。譬如说网络词汇，更新迭代得特别快，也愈发粗鄙，这我不担心，因为它一茬一茬永远在变，在面临淘汰，谁也没当真。我担心的是：从我父辈那一代到我们这一代，“哲学上”的口头语，竟丝毫没变。好比一个人说“这事儿要辩证地看”，我们知道他多半是要开始和稀泥了；一个人说“客观地讲”，其实也不见得有多客观，他的用法近于“平心而论”；一个人说“存在即合理”，我们猜他一定是不耐烦了，想结束一段争论。这种口语上反映出的误读，您怎么看？

陈嘉映　对！本来这个问题就够麻烦的了，比如希腊和近代西方的不同，德国古典哲学和法国解构主义哲学，究竟有怎样的传承与逆反关系，等等。中国又多一个挺大的问题，就是从我们这一代开始，甚至我们上一代开始，有一个“全民学哲学”的运动。由于在一个意识形态国家，这个运动还并非是完全偶然的，有它一定的历史原因。这就使问题特别麻烦起来。你刚才举的那些都是极好的例子，大家会讲什么“辩证”啊，“唯物唯心”啊，“客观主观”啊这些词儿，完全是在一个相当歪曲、极为肤浅的意义上使用，而大家却认为这就是在谈哲学了。

李子俊　维特根斯坦有个话，说“语词必须被重新清洗”，您觉得这些误用有被再次清洗的可能吗？

陈嘉映　不太可能。我在《说理》中有一章，不知道你有没有读过，专门讲论理词的。大致意思是说，论理词就没什么用法。比如说像“辩证法”这个词，很难说它有什么用法，甚至像“正义”这些词，也几乎是没有用法的，因此很难在实际的语言中再重新磨洗。

李子俊　论理词那一章我还没读到，回去后补这一课。关于哲学的学科现状，譬如方才那几位青年哲学教师，他们有研究中哲的，有搞分析哲学的，有搞现象学的，诸如此类。当要对话时，他们会直接说“我们不在一个话语系统”，因而也很少有交锋，各玩各的。

陈嘉映　本来呢，如你所知，哲学本身是一个母体或整体，它分出很多枝杈来。现在的情况有点倒过来，如前所说，不同的人从不同的路径进入哲学，那些直接阅读哲学文本，从哲学本身进入的人，可能一开始就是读分析哲学的、读现象学的，他一开始可能就面对的是学术问题，而不是思想问题。如果你能突破重重障碍，有朝一日，尚有可能从学术迈进思想，但是，我相信大多数哲学从业者，会停留在他进入哲学的那个特殊路径上。

李子俊　没法贯通。

陈嘉映　对，变得跟别的路径的人难以交流，恰恰是因为他们没有共同的思想问题。

李子俊　所以您也当然拒绝把您定位成一个“搞西哲的”人。

陈嘉映　当然，当然。

李子俊　我前一阵子看到一篇专访，您谈到您目前的状态可用四个字形容：老有所安。现在还是这个心境吗？

陈嘉映　不是了（笑）。我在美国待了三个多月，虽然也干了点活儿，但由于各种情况吧，没法像我在国内一样那么集中地阅读和思考。结果觉得，挺沮丧的。发现我这个“老安”呢，可能就得“安”在干活儿上，用老话说就是劳碌命，可能就得这么干下去了。这回我算看清楚了。但是著书不一定。

李子俊　他生下来，他工作，他死了。

陈嘉映　对，还是会一直工作。

李子俊　现在挺多的哲学工作，都是陈陈相因，转述别人的思想，或弄个思想比较，意味索然。原创性在我看来是哲学中挺重要的品质，您怎么看原创？

陈嘉映　原创性本来是一个技术性的用语，它跟我们现在一个比较大的门类——艺术——紧密联系在一起。这个问题我讲不全，但我提两条：好比在埃及艺术、拜占庭艺术中，它没有什么原创性的要求，因为那种艺术是有一个相当明确的目标的，有极强的功能性，只要完成了这个功能，我才不管什么原创不原创。但到了当代艺术时期，功能性就没那么重了，这样形式上的原创就显得特别重要，否则就区别不出你是一个什么样的艺术家了。

而在思想上谈原创性，还得单独想，不能直接比附到技术和艺术上去。因为一般来说，思想是解惑用的。按我的理解，拿原创和解惑相比，解惑肯定要重要得多，是不是原创倒在其次。但在一个意义上肯定是有原创的，因为这个“惑”，哪怕听起来是相同的惑，它在不同的时代、不同的知识背景下，这个惑本身是在变的。在这个意义上，你是没法直接拿柏拉图，拿孔子来解我们的惑，因为语境差得太多了。在新的解惑进行中，肯定会有某种原创性存在。但我个人是断然不会把原创性作为首要目标的。

李子俊　比起“跟别人不一样”，还是“解了惑”本身更重要。

陈嘉映　是的。

李子俊　说到解惑了，还是维特根斯坦，他把哲学看成是某种治疗性的行为，是比较软的。相反，另一类哲学家则认为哲学一定要提供model（模型），构建体系，乃至左右政治经济，提供通变一切的根本道理，比较硬。

陈嘉映　对。维特根斯坦这个治疗说，是和他另一个思想连在一起的，即反理论的倾向。在柏拉图、亚里士多德那里，哲学有一种理论化的倾向。虽然这种理论化和近代的还不完全一样。时至近代，特别到了康德、黑格尔、马克思的时代，他们把构建一套万全理论作为哲学的终极成果。我个人写过不少文章，反对这种观点，我不认为理论构建是好的从事哲学的方式。而且，这样做即使在古典哲学时期还有些道理，在今天就全无道理了。我所喜欢的哲学家，如尼采、海德格尔、维特根斯坦，他们都是反理论的，他们也不认为我们现在还能够用或应该用构建理论的方式做哲学。维特根斯坦是在这个倾向下谈治疗说。在一个意义上，我觉得这过于消极和简单了。他是针对一些智性上的困惑谈治疗的，否则，面对非智性的困惑，用宗教的方式可能还更好。智性上的治疗靠的不是理论，而是靠一种贯通。只有触类旁通，这种智性上的困惑才能消解。

我不全认同治疗说，我只能说，按照思想融会贯通的角度理解，治疗将是它的一个功能或方向。

李子俊　说到"贯通"这个词，都说现在是知识大爆炸，哲学专业的知识存量，也远不足以贯通其他学科的全部思想了。这个面向变得越来越窄。

陈嘉映　对对。第一我想说，这个贯通是相当相当局部的贯通。别说今天，其实回过头来看，哪怕在牛顿的那个世纪，也没人能全贯通。在亚里士多德的时代能不能呢？这是另外一个问题。今天是没有人能贯通了，这是明显的。但即使局部，也不等于就没有贯通。第二，好比说物理学——我在《哲学·科学·常识》当中提到的比较多——它已经是建立了一个壁垒了，有一套它的基本概念。你不学这些基本概念、基本定理，就没有办法走下一步。刚才我们讲到哲学不是一个学科，其中的一个标志就是，物理学是有教科书阶梯的，一步步来，你聪明也没用。哲学就很难说，你要先读哪五本，才算入门。每个老师的说法肯定不一样。这种学科壁垒阻碍了你的贯通。

李子俊　外界当然对哲学有很多误解了，说"哲学没用"的大有人在，这我倒丝毫不担心。我担心的是，在哲学系走一遭，实际的技能没掌握也罢了,还平添了一大堆"知识的傲慢"。

陈嘉映　嗯,太是了!

李子俊　一讨论问题,就是"我们在哲学的高度上",好像哲学是一个平台,你跳上去就是高人,就能高声说话了。

陈嘉映　一点没错。这你可能也知道,首先我就反对在本科有哲学系。

李子俊　您说三十岁之前不要搞哲学。

陈嘉映　原话是柏拉图说的,这有一定道理。至少不主要学哲学。我一向的看法都是,在大学阶段学一门"具体科学",或学一项技能也行,比如一门外语啊什么的。对于喜欢哲学的人,哲学应该被开成公共课。公共课不一定是泛泛而言,我依然可以讲得很专,我可以讲海德格尔晚期哲学,这个没关系,因为我也很难说我讲海德格尔晚期哲学你需要什么准备,你直接来听就行了。

我反复强调说,哲学本身就不是一个专业。大学的哲学系,如果从一个教育者的眼光看,它毁人多还是助人多,这是一个巨大的问题。实际上,我跟另一些个别的哲学老师对此深感遗憾,但毫无办法。这很可能是毁人多。就不说它使你养成了"知识的傲慢",先想想,一个年轻人,他为什么要拿他最美好的年华读阿奎那或读康德?也许他一辈子都不会再回来,想到"十二范畴"这些事情,而且也不是一种触类旁通,好像我学过十二范畴,以后我就知人知事，就更通达了。简直不知道是为什么。

李子俊　这种“专业性”集中体现在论文写作。

陈嘉映　嗯！那更是了。

李子俊　我现在就挺愁毕业论文的（笑）。假如一个学生，写得跟《查拉图斯特拉如是说》一样好，可就是文体不对，作为答辩老师，您会不会放他过？

陈嘉映　如果他要能写成那样我就会放他过。我记得曾经有一个硕士生，她毕业论文就写的是散文式的、哲学感悟式的文章。她的导师就请我去做评议人，因为他觉得写得确实挺好的，但别人肯定不会给过，估计我能给过。我说这不一定，因为我也烦那种东西。但是我看过之后觉得写得的确不错，就给过了，而且给了一个比较好的分。

其实我并不主张在大学时期用这种方式来写哲学，你也有点听出来了。她后来就因此认识我了，我也把我的保留跟她说了。此后她一直在学术圈混——这个“混”没有丝毫贬义——就会碰到额外多的困难。这是另外一个问题。总的说起来，我不认为百分之九十九的大学哲学系学生能够写出一篇有意思的哲学论文。这你看历史就行了，谁二十一二岁就写出了有意思的哲学？以前都是最顶尖的人在做哲学，咱们的这些哲学系的学生，本来也不能说是在所有人里最拔尖儿的。

我顺便说一句，有一个办法，只要你们的老师能同意。我最赞成本科生，甚至研究生的"论文"是写一篇好的读书笔记。比如尼采——当然尼采可能有点难，可以找一个比尼采相对容易一点的——你好好读他一本书，所谓好好读一本，你肯定读了好几本吧。不说原创性，尼采究竟想干什么，你能从自己的角度讲一讲，他到底说了什么？如果你要说哲学也有什么训练的话，就是弄清楚"那个人在想什么"。我这有点叨唠了，其实我一直不知道我跟"民哲"的区别在哪，直到最近几年才想明白这里的区别——就是我翻译过几本书。你翻译过这书吧，至少你字面上弄懂了这本书。民哲有这个问题。

李子俊　六经注我。

陈嘉映　对。能"六经注我"都棒，但你得注过一次六经（笑）。

李子俊　咱们接着说哲学系。另一个很大的问题就是调剂制，比如我们班，十八个人，仨第一志愿。这种设计，对早就志于哲学研究的学生和压根没想过要搞哲学的学生都是一种伤害。

陈嘉映　这个调剂制有点特殊。第一，哲学系它是个老系，不能给它直接取消掉。按说如果报太少，最简单的方法就是给取消掉，你们那仨人爱考考其他学校去。另外呢，按咱们这个制度，从行政管理上说，它总得有个系是调剂的，我们也不能设个调剂系吧？

李子俊　不好听。

陈嘉映　对，也不好听。反正就调剂到报的人最少的系呗，当然带来了很大的问题。所以如前所说，哲学系本身就应该取消掉，把课开到公共课上去，按大学的规矩，只要有几个学生去听，这个课就成立，这是不难的。虽然来的人不是哲学专业，但本来你要是爱哲学，就应该能对付俩专业，就是说你把你的本专业对付下来还有余力搞哲学，否则你读不读实际都无所谓了，对吧？如果你弄下来一个专业都特费劲，你也学不来哲学（笑）。

“哲学是希腊的”

李子俊　再谈谈中西之分吧。我从中学到大学，身边总有人爱拿中国的这个“悟”来举例，大意是说我们中国人有一套自己特有的思考路径，这“悟”是多么玄奥、意味颇深。相形之下，西方人就显得笨笨的，只会做严格的逻辑分析。之前我也这么想。直到读海德格尔，他书中的那些德语词汇，如“besorgen”，通常翻译成“烦”。但在德语中有“安置”、“照料”、“担忧”等一大堆意思，远非一个“烦”能概括，在这个意义上，“悟”也许并非中国人的专利。

陈嘉映　对呀，“悟”肯定不是中国人的专利。我们讲“索菲亚”的时候，本来“索菲亚”就有很强的悟性在里边，并且这个概念几乎所有的西方哲学家都会讲到。然后还有一些观念和流派，如西方的神秘主义传统——那是一个巨大的传统；如西方讲intuition(直观)，讲die Anschauung(观念)，都有悟性成分。无论是伯格森，还是布伦塔诺，他们讲到的那种“内感知”，在很大程度上也是悟。

中国的悟，有没有什么特殊的内容、特殊的传统呢？完全是可能的，也许也是值得做的。但是如你刚才所说的那些流行看法，基本上都是自欺欺人的。

李子俊　按您一贯的看法，哲学就是希腊的。

陈嘉映　这牵扯到一个挺大的问题。在这方面，我有好多观点，和别人也不完全一样。一般我们会这么来看待问题，好比说有西方哲学、中国哲学、印度哲学、几内亚哲学，在这上头有一个叫“哲学”的大概念，这个哲学是我们所有这些哲学的一个“共相”。当然这里有一个逻辑上的困难，就是如果一开始我们不知道这个共相的哲学，那我们怎么知道几内亚的那东西叫哲学呢？这个不多说，你会悟(笑)。这就整个陷入了一个循环。

我不是这么看这个事儿的。举一个比较突出的例子来说：关于宗教，你会说有基督教、犹太教、伊斯兰教、佛教、儒教、青阳教，你说宗教性是它们的共同点。基督教和青阳教，到底有啥共同点呢？这是说不通的。其实很简单，当我们说宗教时，就是以基督教为范式，来讲儒教是不是宗教。讲儒教是不是宗教，绝对不是讲先有一个宗教的概念，再看儒教是否符合。

李子俊　具体对照。

陈嘉映　对，而且这么谈就比较有意义。儒教是不是宗教，这个问题换成儒教在哪些方面是不是和基督教一样，比如起同样的社会功能，会比前一个问题更有意义。

所以我想说，当我们讲到哲学的时候，是以希腊哲学为范例的。其他的，好比后解构之后的那些流派，还叫不叫哲学呢？这在好大程度上是和希腊对照着说，在什么方面上有继承，在什么方面上完全变样了。我们讲中国哲学，也是在以希腊为范式在比较。

这牵扯的另一个问题是：被诠释者和诠释者哪个是核心？从保持文化传统的角度，被诠释者作为核心是更好的。但实际上我会说，诠释者才是第一位的。中国哲学的概念，很多处于"被诠释者"的位置上。

境界不同于思想

李子俊　生活中的"诠释家"倒也不少。我遇见一些行政领导，他们有极丰富的人生经验，换句话说，有挺高的人生境界。可是当他们凭此境界谈起哲学时，又常常显得很不上路子。“人生境界”和“哲学研究”肯定是有区分的，您说这个区分点在哪？

陈嘉映 你说的这个现象在中国特别流行。行政领导如此，企业家也是这样。企业家做大之后，他都要开始“懂哲学”，都愿意在“哲学的高度上”谈问题。（沉默10秒）

这不是一个容易的问题，我一时没找到好的切入口，但可以说一点儿。哲学，或者说思想，它发力的地方往往是你有困惑的地方，如果没有困惑，就不用谈这些。而境界呢，是发力完了之后的那种状态，到了一定境界后，对你是问题的，对我就不再是问题。所以假设我八十岁，德高望重，境界高深，我可以用很多方式来传达我的境界，但最好的方式就是直接表现出来，你有困惑，我来点拨。这也是很多佛学的师父带弟子的方式，即使言说，也不会长篇大论，只点到为止。如果说，我们要正儿八经谈哲学了，我就得回到你那个有困惑的地方，然后用思想解决那个困惑，去系统地说，这考验的就是我的知识背景是否深厚，系统地描述这个困惑。境界是无法描述的。

运思需要经验，经验养成品味

李子俊 您认为做哲学最重要的品质是什么？除了那些老生常

谈的勤奋啊、认真啊这些放之四海而皆准的大词。

陈嘉映　我这么说吧，就像艺术鉴赏力一样，首先是你得有相当的经验，放在哲学上，就是你得在这个行当里做过一段时间，读过一些，并且学着你读过的那些人来思考问题。海德格尔有篇文章叫做《思想的经验》，这个用法我觉得挺好的。一般人总觉得思想是思想，经验是经验，其实运思是需要经验的。

光经验还不够，接下来就得看学生的悟性了。这个悟性就是在他经过了一段段经验之后，就开始有一种品位，知道什么是好东西，什么是很差的东西。其实就像你刚才举的例子，你也没说那个领导有任何不好，但总觉得他谈起哲学来总有那么点不对劲，这就是一种品位。这个品位，就我的经验来说，是要远远早于你在哲学上真正做出东西的。我所带的研究生，绝大多数，肯定还做不出什么好东西，因为太难了嘛。但是，其中有相当一部分已经有这种品味了。他自己说不出来什么，但是在听另外两个人讲的时候，他能够听出这个比较靠谱，那个好像比较浅、比较偏。

就从事哲学来说，能够达到这种品位，作为老师，我就可以更有把握地说，投入哲学，你不至于是走错了道儿、选错了行。

行之于途而应于心

李子俊　对哲学系的学生，您有没有什么特别的寄语？

陈嘉映　对哲学系的学生，我会说：哲学专业好像是个小专业，但其实它的幅度特别地宽，宽到哲学内部可能都老死不相往来。所以哲学系学生那种自我定位的要求，与其他系的学生相比，是完全不一样的。如果你不能找到良好的自我定位，你就很可能浪费了很多青春。

这种自我定位，简单说来就是：你是要钻研哲学问题吗？还是只要受到一般的哲学教养？诸如此类的问题很多，但这个问题是最主要的，一开始要想清楚。如果只当成一般的文化教养，那么你就不要浪费在本科，甚至在研究生的时间，不要去读那些太艰深的哲学著作，如果要读，也不要求自己把它掌握住，能有所感悟就已经蛮好的了。你还有其他文学作品要读，还有科学的相关知识要了解。一个大学生，如果毕业之后，连物理学、生物学上最浅的东西都不知道，恐怕也不好意思。如果当文化教养，你就把自己培养得尽量宽一点。对于志于钻研哲学的学生，咱们之前说了很多，重要的一点是，判断自己有没有那种品位和才能。

李子俊　谢谢您！我特别带了纸笔，想请您写点东西。

陈嘉映　好呀，就是一时不知写什么。写点什么呢？

李子俊　您常爱说的——行之于途而应于心。

陈嘉映　哎,这个好。

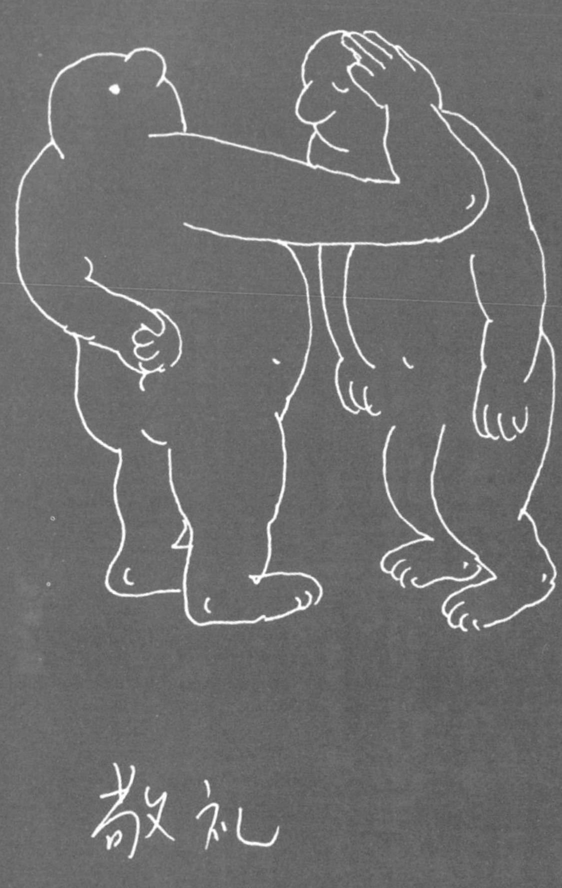

趙河陽

赵汀阳

1961—

踩着我了

趙汀陽

2017-10-26

赵汀阳——可能所以困惑

面朝中国大地的思想者

李子俊　维特根斯坦曾就"哲学研究是否有进步"这个问题打过一个比方，大意是说，这就像人会痒痒，并且人无法发明出一种根治痒痒的药，这可如何是好？——结论是，为了不难受，我们只能继续挠痒。这是个很传神的比喻。但如今更多的情况是：痒痒，然后挠痒，但挠不到点子上，反而添乱。读您的书，有种很"解痒"的感觉，同时也能看出，在思想启发上，维特根斯坦似乎对您也很重要？

赵汀阳　我确实深受维特根斯坦的影响，特别是他对哲学的"语法性"反思。但在观念上，我更多受到先秦思想的影响，可以说，在论证方法上，比较接近西方方式，在基本假设和基本观念上更接近中国思想。最初进入学术的前十几年，在西方哲学框架里思考多一些，主要是想学到分析、论证和理论化的技艺。近二十年来我做的工作主要在中国思想框架里展开，这是因为我重新发现了先秦思想问题具有当代性和未来性，比如说，天下体系是对天下概念的演化；关系理性是对孔子原则的演化；共在存在论是对周易思想的演化，等等。

思想的理论化是一个现代要求。每个文化传统都有试图解释一切根本问题的思想。思想可以直接说出来，但后来就形成理论化的研究，尤其到了现代，在大多数情况下，思想总要做成理论，也有例外，例如尼采。要把思想变成理论，就需要很多工序，比如分析、解释、论证、系统化。如果我没有理解错的话，理论化的哲学始于亚里士多德，当然也可以说，柏拉图已经略具理论倾向。思想转型为理论的社会条件是"辩论"，希腊的"agora"制度促进了辩论，而辩论需要论证，这是理论化的一个因素。更重要的是思想本身的装备，亚里士多德创立的逻辑和欧几里得公理方法很可能是促进理论化的技术条件。可以说，在亚里士多德之前不太可能形成理论化的哲学，因为缺乏理论化的技术工具。无论如何理论化，思想还是理论的根本内容，没有思想的理论就没有价值。

古代中国的思想通常也有解释(interpretation)，但分析(analysis)要少一些，论证(argument)就更少一些，一方面是古人不需要细节论证，直观断言就已经很清楚了，另一方面也与缺乏逻辑方法和公理化方法有关，因此没有建立环环相扣的系统的习惯。虽然古代中国思想尚未理论化，但其思想却非常深刻，有一种难以超越的洞见深度，其中深意很需要通过理论化而加以展开和推进。这是我在做的工作。

李子俊 除了赞许，您觉得维特根斯坦还存在什么问题？

赵汀阳 我还真挑不出他有什么问题。当然，维特根斯坦有他没有讨论到的问题，有他没做到的哲学工作。但只要是他出手的，都是天才之作。也许他有漏洞，但我没有看出来。他只做了哲学的一部分工作，但你不能批评说这是他的局限性。每个哲学家都只能研究哲学的部分问题，每个人都是有限的。

李子俊 这种话是不公道的。

赵汀阳 一个人的时间是有限的，只能做有限的工作。

李子俊 我受的中学教育，在评价历史人物时，最后没话说了，就要来一句这人有“历史局限性”。

赵汀阳 很搞笑的说法。

“哲学必须是元意识形态的”

李子俊 网上还有个玩笑的说法，管您叫“西毒”。

赵汀阳 是，我听说过这个笑话。难道是说“武功风格”有些相似？这我就不知道了。好像不太相似。金庸的武学理论，我看是独孤求败的功法比较有想像力。

李子俊　不管是哪门武功，只要进行哲学思考——如您《论可能生活》这本书中所写——就必须是元意识形态（meta-ideological）的。

赵汀阳　是的。这个提法其实更早些，大概90年代初，在《哲学的危机》这本书里提出来的，称作“元观念论”。那时的看法比较简单了。大概是这个意思：我们脑子里想的东西都是观念，关于知识、经济、政治、文化之类，还有大量日常观念，如何吃饭穿衣，如何劳动之类，都是观念。众多观念共同构成了“观念界”（the world of ideas）。这个有别于客观事物的世界，即由观念构成的世界，就是哲学的反思对象。哲学研究观念的世界，但没有能力研究事物的世界。

李子俊　研究事物是科学的事。

赵汀阳　对，事物的世界（the world of things）属于科学，哲学无能为力。霍金就说过哲学家没有能力研究万物，他说的是对的。哲学之所长是关于观念的反思。既然哲学把观念作为对象，它自己就必须是“元观念”，即“meta-ideological”。有些观念之所以需要被反思，是因为那些观念事关建构生活。当观念构成了一套话语就获得了对生活的影响力和干涉力，就获得了权力，当观念干涉了生活，就构成了“问题”。如果没有观念的干涉，人们生活该怎么过还怎么过，该劳动就劳动，该生育就生育，一切如常，今天和昨天一样，那就没有产生问题，而没有问题就不需要反思，没有反思就没有思想。如果没有问题却非要反思，就是神经病。当某种观念拥有了干涉生活的权力，一些人就想维持这套拥有权力的话语，这种东西就称之为“意识形态”。意识形态就是一套拥有权力的观念话语，也是哲学思考的对象，这种思考就称之为“反思”。

“思想”这个词，结构很好，“思”是动词，“想”是名词，思其所想。人人每天都在想，但未必是思想，思想是反思。我们想了，然后又思其所想：为什么这么想，凭什么这么想，这么想对不对。所以说思想是“meta-ideological”的，是对有权力附加值的观念的反思。

意识形态是广义的，最经常说起的当然是指政治的意识形态。事实上，不仅仅是政治，生活各个方面都有意识形态，文化的、经济的、心理的、价值的等等，可以说是广义的政治。

李子俊　但反思毕竟得落实于个体。个人的“元意识形态”的反思，总会与现实政治之间形成某种张力、某些冲突、某类话语权的争夺。用日常的话来问，就是“最后到底谁说了算”？

赵汀阳　正如恺撒的归恺撒说了算，上帝的归上帝说了算。同样的道理，现实政治当然是权力或权威（authority）说了算。但对于思想的问题，当然是思想说了算。

李子俊　听您说"当然是思想说了算"时，我有种分外畅快的感觉。读您早期的著作，也时常能感觉到那种青年的血气，那种把"真理恶狠狠地说出来"的特殊风格，越往后的著作，似乎越"温和"起来了。是什么促成了您这样的转变?

赵汀阳　如果年轻人没有激情，那就奇怪了，而如果老了还激动，那也同样奇怪。记得罗素说过类似的话。我想说，理想主义必须同时是现实主义，否则不可行；现实主义必须同时是理想主义，否则无意义。

李子俊　落实在表达中呢?

赵汀阳　老了意味着对诸多问题有过长时间的思考，经历了许多问题之间互相矛盾的思考，就变成"老手"了，就会意识到：事情本身总是自相矛盾的，问题之间也是互相矛盾的，没有一个事情可以轻易断言。哲学问题都是深不可测的，所以思想需要余地。

李子俊　这种转变似乎和维特根斯坦也挺像的，他的早期著作充满了断言，越往后描述性的话语越多。

赵汀阳　维特根斯坦中年受到了一些思想挑战。他早年出版了《逻辑哲学论》之后，宣称不做哲学了，因为他认为哲学都做完了。但是后来发现事情不是这样的，哲学问题总是出乎意料地不断重新开始。

什么是机缘?

李子俊　问题总会重新开始,生命却不可逆。一次性的生命遭遇终极问题,并与之擦出火花,还是需要一些机缘的。可否简单说说,您与哲学的机缘从何开始?

赵汀阳　终极问题这个说法恐怕大了。哲学研究重要问题,却未必能够研究终极问题。我不太相信人能够了解终极问题的故事。对于我来说,哲学问题只能是一种"潜无穷"的永远开放状态,而不是黑格尔式的"实无穷",因此,看见无穷,却看不到终极。

什么是机缘呢?在大学期间读到康德,《纯粹理性批判》,以及它的缩写本《未来形而上学导论》,那时没有读懂,但看见了诱人的问题,后来懂了,但已经开始不相信他的理论了。那时还读到先秦、孔孟等,句子表面意思好像都懂,但没有看出问题,多年之后才开始理解那些大智若愚的问题。什么算是机缘呢?

《论可能生活》

李子俊　读您的书,感觉是一个视野不断放大的过程。比如《论可能生活》讨论"人人"(伦理问题),到《天下体系》讨论"众人"

(政治哲学、中国问题),再到《四种分叉》关注时间、人工智能、未来等"大问题",但总的来说,《论可能生活》似乎占有特别的重要性。

赵汀阳　你可以说问题越来越大,也可以说问题越来越细节。《论可能生活》算是一个转向,但仍然只是一个初步的研究。从《论可能生活》开始,我试图做一种"不太一样"的哲学,开始考虑到"可能性"这个被低估的形而上学问题。西方的形而上学传统追求的是必然性,想要发现隐藏于一切流变现象背后的必然本体。西方形而上学苦苦研究"being"或"to be",它既是"存在",同时也是"是",是任何存在对自身必然存在并且确实存在的证词。这是必然性的维度产生的问题。

寻找必然性的思路只适合解释事物(things),但是解释不了事情(facts),因而解释不了生活问题。"facts"是人之所为,人有自由意志,有创造力,所以生活是由可能性构成的,生活无法收敛为必然性。为了能够解释生活,就必须有另外一种关于生活问题的形而上学。正因为生活是不确定的,向多种可能性敞开的,因此具有不可预见性、多义性、灵活性,也就是《周易》所说的"易"。对于这样属于可能性维度的问题,就无法以必然性的形而上学为它提供依据。所以我要寻找不同于必然性哲学的另一种哲学,即不同于philosophy of necessity的

philosophy of possibilities。这是从问题定位到解释都非常不同的另一种形而上学。

《论可能生活》是可能性哲学的一个入口。伦理学问题非常典型地表现出可能性问题的潜力。于是我为此提出了一个概念——“可能生活”。这个概念模仿了莱布尼茨的“可能世界”。“可能世界”讲述的是“事物的故事”,而“可能生活”用来讲述“生活的故事”,它们可以看作是姐妹概念。莱布尼茨允许有“多个可能世界”的存在,这是一个很重要的突破,后来也成为模态逻辑的基础。但“可能世界”并没有超越必然性的问题框架,而是用来寻找必然性的技术分析。如果一个命题对于所有可能世界为真,那么就是普遍必然的。但是可能生活却摆脱了必然性,对于可能生活,不存在一个断言是普遍必然的。即使大多数人认为战争是坏的,也不可能排除有的人宁愿发动战争;同样也无法排除有的人宁愿做坏事或错误的事情,就像周星驰说的“除了好事,什么都敢做”。甚至,生活包含着反对生活的可能性,典型就是自杀——加缪说自杀是最根本的哲学问题,是有道理的。可能生活的概念意味着你可以选择任何一种可能生活,但永远无法证明这种可能生活是普遍或必然的,无法证明它是必然好的。

只需面对问题本身

李子俊　我注意到，您总是直接处理第一手的哲学问题，对任何哲学家，都有一种“平起平坐”的天然心态，这种心态，也的确是从事哲学的前提之一。这点您自己可能感觉并不强烈，但从一个旁观者的视角看，无疑是当下汉语思想界的异数。

赵汀阳　可以解释一下中国的“作与述”传统。创造性的工作称为“作”，解释性的工作称为“述”。大家都知道孔子自谦为“述而不作”。通常认为，伟大的创造性工作属于早期人类。《世本》有“作篇”，记载了传说中古人的各种划时代的创作，包括燧人氏发明火、神农发明药、蚩尤发明兵器、仓颉发明文字、奚仲发明车，等等。另外，六经也是伟大创作，是基本观念和制度的创作，已经不能肯定是哪些作者了。先秦那些开创性的思想家，称为“诸子”，这些“子”们的共同思想资源就是六经，六经非常简练，虽说是“天经地义”，却尚未化成思想，“子”们的工作，就是把六经化为一个个具有独创性的思想，把思路彻底铺开。我们认为子们的工作是创造性的，但孔子却认为是解释性的，所以自谦“述而不作”。再之后，人们注释“子”们的思想，开启了中国延续两千多年的注释传统。当然，其中并非没有创造性，但普遍心态是“述”。两千年的传统，足以形成一种心理习惯。所以后世的学者，

"述"的能力是很强的,但不太习惯于"作"。新路不是没有,只是少一点。

对于我,思想资源不分中西,问题才是思想焦点,要思考的是如何理解和解决问题,任何思想资源都可以征用,述与作不分,合为一体。是不是就是你所说的"平起平坐"的感觉?

李子俊　是的。如果没记错,博尔赫斯是您最喜欢的作家?

赵汀阳　之一。

李子俊　他的风格似乎对您影响不大,您的写作一直保持很强的逻辑偏好。

赵汀阳　我没有受具体某个人的风格影响,这是学不来的,何况博尔赫斯我看的也是中译本,只看过一篇英文版,而中译本或英译版的风格也不一定就是他的风格。

李子俊　您的写作也不太刻意追求"文采"?

赵汀阳　我拒绝花样文字,这一点是希望向维特根斯坦学习,就是用最简洁的话语说明最复杂的问题。这样做的理由是,生僻的词、文学化的词,多是多义而有歧义的,或者含义晦涩,对于清楚说明问题没有好处,反而帮倒忙。简单清楚的词汇有着最大的意义共识,含义明确,不容易误读,有助于思想的明确性。思想是说给人听的,不是自己的行为艺术。

李子俊　那您也肯定同样反对学术黑话。

赵汀阳　是的，同样的道理。一些问题需要专业的术语，比如说，a priori, transcendental, ontology, skeptical, reduction之类，但这些专业术语不是黑话，就像物理学也有大量需要经过专门训练才知道的专业术语。关键在于，如果需要的话，专业术语都可以兑换为日常语言。如果一个物理学家决心让你明白一个理论，他可以用日常语言解释给你。但"学术黑话"的含义不明确，是不可兑换的，是过于滑溜的"能指"，不知道滑到哪去了。

李子俊　明知不可兑换，却还有很多人乐于此道，这是为什么？

赵汀阳　不知道。

李子俊　在学术身份的选择上，您没有选择当老师面对学生，而是选择当研究员。

赵汀阳　安静。

李子俊　还规律。

赵汀阳　那不是。我没有时刻表。比如说我刚看了个艺术展。

"第一哲学"

李子俊　说到艺术了，您在《第一哲学的支点》中，论及"何为第一哲学"的问题时，曾明确反对您的老师李泽厚先生将美学作为第一哲学的说法。

赵汀阳　人们对第一哲学可以有各种选择，比如亚里士多德把形而上学作为第一哲学，列维纳斯把伦理学作为第一哲学，马克思、列奥·施特劳斯，或者罗尔斯，估计都同意把政治哲学作为第一哲学，李泽厚老师提出把美学作为第一哲学。伦理学和美学都很重要，但作为第一哲学，恐怕不够基本。第一哲学的选择不是给各种哲学的重要性排座次，而是分析何者构成哲学问题的初始条件，或者说，哲学问题所以可能的基本条件。至于各种问题的重要性，就不容易比较了，各有各的重要性，各有各的道理。

李子俊　您个人比较倾向何为第一哲学？

赵汀阳　在《坏世界研究》中，我把政治哲学看作第一哲学，理由是，在出现政治问题之前，人类生活尚未形成反思性的严重分歧问题，而只有涉及生存手段的技术问题。后来，在《第一哲学的支点》中，我回到传统框架，还是把存在论理解为第一哲学，但给出了一种不同于研究"being"或"existence"的存在论，称之为共在存在论"ontology of coexistence"。这与政治哲学作为第一哲学并不矛盾，而是一种深化，理由是，哲学问题的出场条件是生活出了问题，而生活变成问题的条件是人们的初始共在状态变成了一个需要处理分歧和冲突的问题，即共在变成了一个需要费心建构的事情。如果共在不成问题，那么就几乎没有一个事情是需要反思的，一切事情都是过去生活的重复。传统的存在论研究存在本身，这个研究基于一个错觉，以为存在是个问题。其实，存在是一切问题的前提，存在本身不构成问题，对存在的分析都只能得出“存在就是存在”这样格式的重言式（tautology），而重言式不是问题。我在《四种分叉》里论证了，哲学问题开始于“不是”而并非始于“是”。

李子俊　闻起来还是有点列维纳斯的味道？

赵汀阳　完全不同。“共在”不是一个伦理问题，不是一种价值，而是一种人们必需的选择，如果拒绝了共在，就不可能存在，所以，共在存在论的基本命题是“共在先于存在”。共在属于纯粹的存在论问题，不是列维纳斯那种激情的伦理召唤。人们对价值可以有不同看法，可以有不同的伦理规范，有不同的“符合道德”的标准，而且，如果你不同意某种价值，你也可以拒绝。存在论研究的是“如何存在”的问题，而不是“我愿意过什么生活”的问题。伦理学可以论证某种道德是更为高尚的，但不足以论证一种存在方式是更有效的，因为存在涉及的问题比伦理学多得多，首先包括政治、经济、科技，当然也包括伦理和艺术。伦理学与存在论的差别就在于价值与存在的差别。

李子俊　在某种意义上，伦理是否可能先于哲学？

赵汀阳　我不会相信这个说法，这要看你如何定义哲学。我在《四种分叉》里对哲学有个比较远的追溯。否定词，“不”或“不是”，在我看来就是第一个哲学词汇。因为说出“不是”就意味着反思的开始。当人说“如此这般”，你说“并非如此”，就意味着进入思想的反思格式了。这种反思的格式显然早于后来那些更为复杂的思想问题。总之，人类能说出“不”，就开始了反思，有了反思，就建构了哲学的反思维度，而各种哲学问题随着生活复杂化而在这个反思维度中慢慢出场。如果非要狭义地定义哲学，以说出philosophy这个词为准，就会从希腊算起。

李子俊　陈嘉映老师肯定赞同。

赵汀阳　假如把哲学就定义为“希腊人那样的思想”，也不是不可以，那就可以用别的词汇去表达各种文化的思想反思，比如中国原本就有“形而上之道”这样的语汇，那就可以称作“道论”或“形而上学”之类，而印度思想和阿拉伯思想也同样可以有它们的名字。这无伤大雅，重要的不是名字，而是思想。记得上世纪90年代就有关于中国哲学算不算哲学的讨论。这恐怕是个伪问题。使用哲学一词去表达所有类型的思想反思，命名而已，约定俗成而已。我不知道为什么要争论这个问题。各种文化都有对根本问题的反思，维特根斯坦说的“家族相似”就很好。我愿意尊重约定俗成的说法,各种文化的思想反思都统称哲学,这样不仅方便对话,而且哲学还因此有一个更大的资源库,更大的数据库,也就有更大的思维天地。没有必要在西方哲学、中国思想、印度思想、阿拉伯思想之间筑起“柏林墙”。其实,philosophy这个词汇也说不上是对人类“关于根本问题的反思”的最好概括,只是约定俗成而已。更好的词汇一定有的,只是没有必要为此费心。

李子俊　我以前试着给哲学下了个定义,叫“以家族相似为特征的真观念集”。

赵汀阳　你这个理想有点高。哲学做不到“真观念”集合。“假观念”也可以是哲学,更准确地说,我们还没有能力判断人文观念的真假。谈到“真”这个问题,我认为目前最好的定义还是莱布尼茨的说法:如果一个命题,对于任何可能世界都有效,就是普遍必然为真。比如逻辑和数学;如果只对一个可能世界有效,就是特殊必然为真。比如科学。这两个标准对于人文或生活的问题来说都太高了,人文和生活里很难定义何为“真”,因为找不到稳定参照物。生活是万变的,由许多“可能生活”构成。还是“有效性”概念比较合适。

“别把自己定位为泥鳅”

李子俊　您怎么看思想界常有的“门户之见”？

赵汀阳　奇怪而有害的现象。思想应该是无穷开放的事情，任何思想资源在其恰当的位置上都有意义，我称为“无立场”。

李子俊　在大学，有时还不只是思想倾向问题，而是自己的现实处境问题。思想还没转过弯，肉身就已滑入某个“门户”之中了。

赵汀阳　那你说的是学术政治，这件事情我更不关心了。思想的问题还想不过来，哪还有时间搞学术政治？世界和国家的政治是大风大浪，学术政治是小水坑而已。别把自己定位为泥鳅。

李子俊　对于社会新闻，您是否关心？

赵汀阳　耳闻而已。对于现实的细节问题，哲学思考并无长处。社会问题需要专业知识和调查研究才有发言权。

李子俊　谈到“专业”了。按陈老师的观点，“把哲学单独成系，是对哲学本身的一种误解”。

赵汀阳　是的。除了科学，其他任何学科的专业化界线都有些可疑，但不是否定专业知识，而是说，所有专业知识应该联合起来。问题本是一个，知识分为多种。真实问题就像魔方的整体，如果按照学科分成一块块的，就看不清问题了。问题的整体性就像魔方,一块动了,其他也联动了。这不仅仅是哲学的问题,别的学科也类似,一个学科的问题的答案很可能在别的学科那里,比如经济学的许多问题,答案也许在政治那里,或者在心理学、社会学那里。哲学最麻烦,答案可能在所有学科那里。

李子俊　理科会好一些。

赵汀阳　是的。科学的世界是没有人的世界,有人的世界就不稳定、不确定、不可测,人是动乱之源。

李子俊　有种流行的说法,讲"文学就是人学"。我刚偷看您的书架,发现里边有很多文学书。

赵汀阳　文学看得不多,算不上"文学读者"。我还听说,哲学也是人学,社会学也是人学,历史学也是人学,当然,人类学更是人学。这是什么意思呢?

"自我"是一个假概念

李子俊　这是种词义的"障眼法",类似的还有"没有永恒的XX,只有永恒的人性"、"生活处处有哲学"这类话。您觉得自己在哲学方面是否具备天赋?

赵汀阳　不知道。我不研究自己。研究自己是件怪事。"自我"是个词汇,却是个假概念。我喜欢维特根斯坦的一个笑话：有个人想证明自己很高，把手放在自己头上说，瞧，我有这么高。

李子俊　因为“自我”不同于“主体性”。

赵汀阳　当然。主体性是一个有很多功能的坚实概念。从笛卡尔到康德和胡塞尔，一路建构了现代人的主体性。康德思考最全面，《纯粹理性批判》讲明了知识论的主体性，知识论的主体性是人人分有的人类主体性，功能是“为自然立法”，有一套先天范畴，同时有一套先验方法，可以应用于关于各种事物的知识。《实践理性批判》试图建立道德的主体性，一个人自己为自己立法，同样还是“立法者”的概念。《判断力批判》似乎弱一些，不知道算不算建立了感性经验的主体性？好像有些疑问，但意图是有了。“知情意”的三种主体性一起撑起了“人是什么”这个问题。可是自我只是一个语法主词，不是“立法者”。

胡塞尔是主体性工程的最后完成者。他不太满意康德的路子，他承接的是笛卡尔的问题。笛卡尔成功证明了“我思”是不可怀疑的，因此“我思”有了确定性和真实性，但是笛卡尔没有能够证明“所思”的确定性和真实性，所以只是半个主体性。胡塞尔决心把这件事做完，他要在主观内在性中去证明“所思”的真实性和确定性，也就是“意向性”理论。胡塞尔谈的主体性不仅是个立法者，我思比立法者更具先验权力，我思是一个世界的“建构者”,即“我思”能够建构一个完全属于主体性的“所思世界”,这个主体性是一个完整世界的建造者。

李子俊　我突然好奇,您觉得康德的以上工作搞定了休谟的怀疑吗?

赵汀阳　康德自己觉得成功了,但其实没有解决休谟问题。休谟的怀疑论非常强大,他的两个基本命题到现在也没有被超越:由经验推不出未来,由to be推不出ought to be。康德已经发挥了天才的想像力,但还是没有解决问题。关键在于,未来的含量相当于无穷性,任何想把一个完成式的系统普遍应用于无穷领域的做法都无法证明其必然性,比如说想把先验系统应用到无穷经验和开放的未来之上,至多只能说明“普遍而不必然”或者“特殊而必然”,决计做不到“普遍必然”。这是连数学都搞不定的事情,哲学就更是完全没有希望做到这一点。哥德尔可以告诉康德:那是没有希望的。

李子俊　能否说,自我是主体性的个别展现?

赵汀阳　无论康德还是胡塞尔,都会用到“自我”这个词,但就是一个主语而已,相当于“我说”的“我”。ego是一个通名,在句子里起主词作用,真正有意义的内容都在主体性里面。

李子俊　“超越自我”、“感悟自我”,往往是这种话,在真实生活中具备某种“有效性”,让很多人都“若有所悟”。

赵汀阳　这我就不懂了。

李子俊　现在最大的困惑是什么?

赵汀阳　我好像想明白的,就写了。还没想明白的就还没有写。但我不能肯定,好像明白的是不是真的明白,这算困惑吗?

我们在时间的门槛上

相遇！

夏 可 君

1969—

夏可君：余让的节日

门槛上的节日：终结与开始

李子俊　今天是2017年的最后一天。年关际会，本在意料之外。意外，总使人困惑——为什么偏偏在这一天？同时也造成“仪式”——在这天与您见面，应该别具意味。首先，祝您新年快乐！

夏可君　在这个终结与开端的门槛上，在这个奇特的时刻，也祝你新年快乐！

李子俊　时间，对您而言意味着什么？在时间的节日里，或者说，在节日的时间里——“这一个”会如何看待“这一天”？

夏可君　我们的开场白，从一个很好的问题开始，从一个时间的问题开始，从一个时间与节日的关系问题开始，从一个门槛上的节点上开始，我想说，这是一次非常哲学的开始！我们已经开始以哲学的方式进入对话了，但愿我们的对话也是一个节日。我在博士期间做过很多议题，其中一个就是关于“时间与节日”的。在过去的很多年里，每逢重大节日，我都会写点东西，沉思节日，乃是思想对于节日的致敬与感念。

其实，从海德格尔的《存在与时间》开始，就奠定了整个现代性哲学的基本言说方式：围绕“时间”展开。当笛卡尔提出“我思”的时候，他是没有“时间”概念的。直到康德的“第一批判”(《纯粹理性批判》)，才把“范畴论”和“时间图型论”结合在一起——这恰好也是我的哲学起点。这个问题，也是当年我跟邓晓芒老师读研究生时最感兴趣的领域。我认为邓老师之所以是汉语学界极具哲学意识的大家，一部分原因就在于他扣紧了康德“图型论”的时间性构成与海德格尔随后的解读，其《康德书》，这也是《存在与时间》所隐含的背景，最早就是邓晓芒老师所节译，我自己第一篇严肃的硕士阶段的论文就是讨论这个问题。

海德格尔在20世纪末完成的《存在与时间》是以这个问题为指向的。他认为，康德虽然在“第一批判”中关注到了“时间图型论”，但并没有把“时间问题”本身单独提出。到了胡塞尔，他所讨论的是“内时间意识的现象学”，通过“遗留”、“当下化”和“前瞻”，来形成一个“内时间意识”。在海德格尔看来，胡塞尔的“内时间意识现象学”尽管重要，但如果人仅仅封闭在“内时间意识”当中，这也只是一个先验的自我意识而已，他与世界的关系是不明确的。他想：当人真正进入生活世界时，什么才是最根本的“原初时间”？这使他最终走上了“生存论”的道路——“向死而在”。

向死而在，这是最烦忧的、最本己的、不可“替代”的、唯一的个体的时间性。死亡，是个体的节日与终结。但“去死”并不是“死去”，在个体本己的烦忧与良知的召唤中，“向死而在”恰好是一种倒计时的来临，是每次瞬间的“出生”，如同基督教的“良机”。后来，海德格尔到了1930-1942年，转而开始思考“民族的节日”、与纳粹意识形态有所合流，也导致了他的迷误与思想的尴尬。这尤其集中在对于“开端”的思考上，而开端无疑就是由节庆来标记的。

一个民族国家之所以成为共同体，就在于它有一些“共同的节日”，以此形成开端。比如，“国庆”是国家奠基的节日，“春节”是华人世界的自然化节日。在海德格尔看来，当时的德意志有两个节日：一个是纳粹建立的“国家社会主义”总体动员的斗争节日，是第三帝国统治世界的节庆；另一个是荷尔德林通过“河流诗”，使德意志民族与尚未发生的希腊性，重建诗歌中的祖国父土，形成“诗歌的节日”，以河流诗的歌咏通过漫游形成“回家”的节日，建立本己民族与陌异他者的重新结合。

后来，随着第三帝国的彻底失败，海德格尔对于另一个开端的思考也陷入了“尴尬”的处境，只能停留在门槛上——无比“尴尬”。但随着海德格尔对于技术思维的彻底反思，对于西方整体思维的反思，海德格尔发现以上的“节日”都是有问题的，尤其是纳粹神话，哲学无法区分“现实的暴力”和“想象的祖国”，需要从争夺与设置的思维中走出来，走向无用与让予，因此他在晚年专门写了一篇名为《荷尔德林的天空与大地》的文章，提出“天、地、神、人”的节庆概念与环舞的无限敞开——这才是一个真正和平的未来的节日。

尴尬的处境

夏可君　对于我这代人来说，“文革”等等，其实都是一个个“节日”。那个年代的人，很少有人能从那种节日记忆中摆脱。正因为有“节日”的集体记忆，一代人才成为一代人，文革那一代人在天安门广场上涌向毛泽东的时刻，是他们所有生命意念被主宰的时刻，很少人能够走出这个“玩念”，这是这一代人最为尴尬之处，但却没有几个人走出此尴尬，他们反而一直在此尴尬的门槛上徘徊与犹豫，因此也走不出文革。一代人的精神，是从他们发明、创造出的节日里体现出来的，以及在节日的颂歌里被铭记的，是此节庆时的歌咏塑造了记忆的主体，这也是那

一代人无法从“红歌”与“广场舞”中走出的原因。节日意味着“共在”,意味着“共通体”,也意味着共通的记忆。圣诞节,是基督教记忆;元旦,是自然记忆。如果哲学有什么主题的话,那么“时间和空间”就是它最根本的主题。

对我个人而言,我经常有种时间的紧迫感,一直觉得时间不够用,所以我说话也很快,或者,也许是因为属于我的时代并没有到来,倾听我言说的同道还未上路。因此,这里我要谢谢你这次的访问,也许这是一个开始。

哲学家必须有他的唯一词

李子俊　谁是“余”?

夏可君　你怎么会关注到这个概念?

李子俊　这是您的“关键词”之一。在与您见面前,我几乎看完了您的书。

夏可君　“余”是我发明的一个哲学概念,是一个“唯一词”。放眼古今中外的哲学史,无一例外的情况是:一个哲学家,必须有他的“唯一词”;如果你没有自己的唯一词,你就不是哲学家。这是一个人是否在用哲学的方式思考哲学的标志。比如:笛卡尔——“我思”、莱布尼茨——“单子”、康德——“先验”、黑格尔——“绝对精神”、德勒兹——“逃逸线”、德里达——“延异”、海德格尔——“存在”;中国哲学,比如老子是“道”,庄子是“天”,孔子是“仁”,孟子是“义”,王阳明是“良知”……如果你想进哲学史,你就必须创造一个唯一性概念。显然,在20世纪现代汉语哲学里,这种“唯一词”已基本丧失。熊十力的新唯识论里有一些自己的新概念,但不明显。牟宗三曾提出“智的直觉”,但这个说法还是不够精纯;他晚年提出的“圆善论”,可能更接近一些。我在攻读硕士研究生时已经认识到了这一点,因此跟随邓晓芒教授读博士学位时,就是自觉以海德格尔的“世界”概念来考察他如何成为一个哲学家的。

所以我想告诉你们学生的是:必须自觉以哲学的方式做哲学!当前中国哲学系以哲学的方式做哲学的人,似乎很少,也是因为我们并没有哲学家。以哲学的方式做哲学,就是必须学习已有的哲学家如何找到与展开他的唯一词,从而也找到、发现与命名出你自己的唯一词,并且用这个唯一词写一本纯哲学著作。把这个唯一词扩展到你生活的所有领域中去,重新造句,把它作为你自己的节日。如果你找不到,你就不是哲学家,在这一点上,没有什么好苟且的。

这种观念,在我年轻时就具备了。我很幸运我在很早的时候,就知道了该怎么做哲学。在1995—2001年期间，我跟随邓晓芒老师在武汉大学做哲学。前三年，我研究的是新儒学的牟宗三先生。诚如李泽厚先生所言，要想发展现代中国哲学，牟宗三先生是绕不过去的。穿透他，才有当代中国哲学。

从牟宗三、李泽厚、邓晓芒到我，都是以康德哲学作为出发点的，因为整个西方的现代哲学，也都以康德为范型。维特根斯坦、海德格尔、胡塞尔他们所谈的，都是一个新的康德。分析哲学，从康德的先天与必然范畴出发；政治哲学上，阿伦特等人从《判断力批判》出发；伦理学则是列维纳斯，从《实践理性批判》出发，走向他者。康德三大批判对哲学世界的意义，被牟宗三清楚地看到了。

我在硕士期间关注了一段牟宗三后，觉得博士阶段可以放开他了，因为我已经看到了他的问题。他对西方唯一神论、对海德格尔的理解，过于回落进儒家的保守主义中去，使很多真正的问题被遮蔽了。我意识到，这种东西方的差异及其超越，必须靠我自己解决，必须面对现代性的根本处境来解决。因此在博士期间，我一开始就选择做克尔凯郭尔。克尔凯郭尔之所以重要，是因为他和尼采一道，炸开了黑格尔的体系。康德打开的可能性被黑格尔封闭了，你必须先将它炸开。从克尔凯郭尔、尼采、巴塔耶这些爆破者身上，你更能看见康德哲学的潜能。

后来,我还是选择了海德格尔。因为与克尔凯郭尔相比,海德格尔现代性思想的经典性更重要。什么是经典性?《存在与时间》这个名称,奠定了整个现代哲学的基调。如果你想成为一个哲学家,你必须写一本书叫"什么"与"什么"。萨特叫《存在与虚无》,德里达叫《书写与差异》,德勒兹叫《差异与重复》,梅洛·庞蒂叫《可见与不可见》,罗蒂叫《哲学与自然之镜》……,牟宗三先生则是《现象与物自身》或者是《智的直觉与中国哲学》。随后呢?中国却还并没有出现这样的著作……

"死是无之圣殿":哲学遗忘了思考虚无?

李子俊　这种句式有什么内在含义吗?

夏可君　它反映哲学的基本问题。这种基本问题,对于康德而言就是自然与自由的关系问题。自然,有必然性与因果律;自由,即指自由意志。这个二元论,是成问题的,因为到了量子力学、黑洞时代,人们发现自然并没有明确的因果必然性,而是混沌的。自由意志是一个深渊,它带来疯狂,这是福柯一直以来所强调的——当自然是混沌,自由是疯狂,那这两者间的连接点,我们该如何考虑?当尼采和克尔凯郭尔炸开了黑格尔的绝对精神之后，发现了“个体的唯一性”以及个体的“必死性”，这是现代哲学一个了不起的发现。

首先，死的唯一性、本己性、不可能的可能性，共同形成一个新的老问题：到底什么是哲学？这个追问，意味着哲学家的责任。对于海德格尔，不同于康德的追问，他认为西方哲学忘记了存在本身，而把目光滞留在了存在者的存在上。一旦问及存在本身，存在就被对象化了，变成“上帝”、“单子”、“绝对精神”……都不再是那个不可见的、消逝的、退隐的、回撤的、拒绝给与的“存在本身”。

进一步，其二，那如果反着问呢？去问什么是“不存在”？什么是“无”？张志扬老师曾说，西方不是遗忘了存在，而是遗忘了虚无。其实在海德格尔看来，也并非如此。因为你一追问无，同时也就把无对象化了，就是死亡。所以一切牺牲、献祭、战争的逻辑，都是这个“无”的具体化——“死是无之圣殿”（尽管这个句子异常复杂）。如果它不具体化，它就是空，是虚拟——是欲望的深渊。对于深渊，你只能往里跳，克尔凯郭尔称之为“致命的一跳”，把虚无作为上帝。这两者在海德格尔看来，都是成问题的。尤其在反思纳粹集中营的屠杀，反思技术导致的灾变之后，死亡献祭的诱惑与神学牺牲的诉求必须摆脱，如同德里达后来说，牺牲掉牺牲，不再有死亡献祭的逻辑。

那还有第三条路吗？这就开启了一个了不起的追问，也是我在做的事情。这个追问转化为：哲学还剩下什么？还剩余什么？还有什么东西余留给哲学去追问？当存在者被技术、人工智能所取代，“无”被死亡、献祭所取代时——还有什么是留给哲学的？那所有学科都不能取代的“余”，就是哲学新的开始。而不再去追问：什么是哲学，为什么总是有存在，或者追问何谓虚无！而是追问：对于哲学，还有什么是剩余下来的？或余留给哲学的？哲学能够为人类打开新的余地吗？

“余”的哲学

夏可君　严格讲，这也不是我的发明，因为海德格尔已经思考到了这一步。德里达在《丧钟》里的第一句话就是，“还剩下什么？”鲍德里亚在他的《拟像与拟仿物》里，也谈到“余”的逻辑，它既不是整体也不是部分，既不是一也不是多，它根本是“多余者”。阿甘本讨论奥斯维辛的“剩余者”，德里达讲的“余烬”，也都是在谈“剩余”的主题。再一次强调，走向余化的哲学，不再是如同很多人还在思考的：一与多的差异，而是一与多之外——之余的“余”的思考，当然，悖论的是：一旦思考余，就导致自身

的多余与无余，这是哲学之尴尬的开始。

现在，我的概念出来了——我把“余”作为我的“唯一词”明确提出来！汉语的微妙性，使它可以区分开“剩”与“余”之间的微妙差别。以上列举的哲学家们，虽然可能都考虑到了“剩”（remains, reste），但都没有注意到“余”（如何把汉语的“余”翻译到西方？这几乎是不可能的，但这就是汉语思想的开始！），德里达思考了无余维度上行哀悼的余烬，阿甘本思考了有余层面上的残余物，但依然并没有把“余”主题化！

需要说明的是：首先，其一，我的思想是从现代性出发的。我不认为中国能回到儒释道传统中去，也不认为西方能回到中世纪神学、柏拉图哲学中去。一切想回去的人，在我看来都是成问题的。我们只能在现代性的、艰难的、虚无主义的处境下，利用已有思想资源去创造——注意是“创造”，而不是像牟宗三的新儒家那样试图用一个现成的传统资源就可以化解现代性危机，“曲通”也是“不通”的：因为并没有根本上面对彻底的“不通”，绝对的“无余”，不进入无余之地，如何可能打开“余地”？

其二，整个中国现代文学的经验，都有一个“零余者”、“多余者”的形象出现。郁达夫写的《沉沦》，是受日本的“私小说”影响，发现了零余人的文学形象。现代文学的自觉在于发现了那些被国家、民族、社会、历史传统抛离出来的人，即“畸零人”，由此抛离与孤独感的经验，才是现代人的经验，是个体绝对自由与责任的“余在”。钱理群先生有一本了不起的书，叫《丰富的痛苦：堂吉诃德与哈姆雷特的东移》，讲现代性个体与世界的关系，其实世界从哈姆雷特以来就脱节了，现代性个体的处境是堂吉诃德式的、荒诞的、多余的存在者。瞿秋白写《多余的话》，也是对“多余人”的回应，瞿秋白自己不想做一个党的领导人，他想要寻找的是个人与世界的根本关系，而他的政治身份则迫使他只能从一个党派出发。在现代性要求下，作为个人你对世界是多余的，地球少了你照样转。这个“多余人”的经验，是中国人在现代性背景下最具根本性的经验。

第三，在中国传统文化中，“余”的概念是很丰富的，但从没有人把它当成一个哲学概念。汉语的“我”——就是“余”，这是其他文化所没有的向度。当你说“我思”时，其实是“余思”——这个游戏就开始了。余，是“我的多余”，它是在“你、我、他”之外的第四人称。中国古代的帝王自称“余一人”或“孤家寡人”，是区别于“你、我、他”之外的唯一者、至高者。后来，“余”的概念渐渐普遍化了。甚至连佛教进入中国时，在僧肇那里，也是以“有余涅槃”与“无余涅槃”来意译佛教的涅槃思想的，由此可见，余化思想的跨文化潜力。

第四，在德勒兹看来，一个哲学概念必须被生命化、具体化。当我们在《庄子》里读到“游鱼”的“鱼”时，就是“余”的具体化。这也是一种播散的书写，如同我自己在最早的《幻象与生命——庄子的变异书写》一书中，就是试图面对此余化思想的生命化。中国文化的遗民与余民的思想相通，犹太教的选民概念实际上指向的是得救的“余数”，也被罗森兹威格等现代性神学家所发扬。

当我思考过这几个维度后，就要开始将其“系统化”：从主体之为“有余”的多余化，到主体之“无余”的幽灵化，思考整个世界之可能的“余地”。整个现代性，并没有给个体生命留下余地。所以能否打开哲学的余地，打开个体生命在这个世界上存活的余地？在一个技术幽灵化的时代，在一个越来越技术虚拟的时代，哪里还有哲学的位置？哪里还有个体生命绝对存活的余地？就是我要思考的根本问题。

李子俊　您有一个愿景——“让汉语说哲学，让哲学说汉语。”而在我看来，汉语哲学于今是一个晕圈，因为光源总在别处。在这个意义上说，您的愿景是否可以理解为：使自己生光？对那光，您是否已经找到了理想的映照（言说）方式？

夏可君　这个命题，是一百多年来整个汉语哲学的愿望。严格说起来，中国古代只有思想，没有哲学，哲学属于西方的“逻各斯”。我们翻译与精读西方的哲学著作，一直

都只处于“汉语说哲学”的阶段。而“让哲学说汉语”，非常难，这意味着你要从世界一切既已说出的哲学出发，并由汉语说出那尚未说出的部分，如同思想总是去思考尚未思想的东西。这件事谁做到了呢？以我的标准看，谁都没有做到，这个任务远未完成。你编辑《哲学系》这本书，代表你们这代人特有的敏感，你们任重道远。

从中国经验出发，提出中国概念，与整个西方现代性思想内在对话，并建立一种足以扎根世界的价值观，能够代表全人类回应现代性的危机，甚至重写现代性，并提供可能的出路……这才是哲学的理想，是我们这一代人与下一代人必须完成的使命。

“你们生活在一个没有哲学家的时代”

李子俊　想这样做的人也有，但方式都有点不对头。

夏可君　对，没有什么人是哲学家，也许一个都没有，这是我们所处的异常尴尬的处境：以哲学的方式做哲学的人几乎没有！尴尬的是，我们对此尴尬的处境，却全然没有经验。对你们这代人而言，你们的不幸是只能生活在一个没有哲学家的时代。没有人能真的教你如何用哲学的方式做哲学。你所学的哲学，都是从学者们那里来的，

仅仅是某种学术的训练,尽管这也是绝对必要的。但如何做哲学呢?如何以哲学的方式做你自己的哲学呢?其实也是没有人可以教会你的。哲学,如同艺术,也许也是不能教会的。

诚然,我有过一些非常优秀的学生,但最后都没有坚持走哲学的道路,因为这确实是"成材率"最低的职业。一个时代,有很多艺术家、诗人,但没几个哲学家,这都是正常的。配享"思维的欢愉"的人,在人群中永远是极少数,是绝对的"余数"。

李子俊　成材率低,除了天分,还有一些外界因素吧?

夏可君　越来越紧的意识形态,越来越多不必要的课程,越来越网络碎片化的时间,沉思与阅读的时间急剧减少……都是原因,这些你其实是明白的。

等待·到来·无用

李子俊　在一个意义上我明白,在另一个层面上我不解。维特根斯坦曾因朋友随意使用"民族性格"这样似是而非的词而大发雷霆,但我一时也没找到更有效的词去表达,因为我想说的就是"民族特质"问题。海德格尔称他理想的德意志是一个"等待的、到来的与无用的民族"——此话怎讲?您理想的中华,又将是一个怎样的民族?

夏可君　在当前的形势下,第二个问题我无法回答,我只想说一句:我们的民族一直没有通过一个阶段的现代性转型,即“脱胎换骨”的转变一直没有完成,彻底成为一个具有现代性素质的民族,具有现代公民与普世价值的民族,这个任务一直没有完成!我们的现代“民族精神”还根本没有自我明确与确立起来!一旦你与日本文化相比,这个差距会让人汗颜!第一个问题,和我写的《一个等待与无用的民族:庄子与海德格尔的二次转向》一书有关。

第一,在中国古代哲学家中,为何独独选择庄子?我自己的思想,我的汉语思想,唯一的源头是庄子文本。因为庄子是最具跨文化素质的,比如,无论是佛教的传入,还是晚明的王夫之、方以智与西方思想对话,都选择以庄子为出口。庄子思想已经彻底面对了人类无余的经验,思考庄子的无余,乃是让庄子成为我们的同时代人!这也是我很多年来在台北文哲所与一些德国汉学家,比如何乏笔,还有台湾学者,比如杨儒宾等人,持续讨论了七年的庄子,让庄子与法国哲学、西方汉学,庄子与德国哲学,庄子与海德格尔,进行广泛对话的原因。第二,我已经研究了二十多年的海德格尔,但一直没写关于他的书,因为我对自己有一个要求:如果你写一本关于西方的书,被翻译到西方，就必须给他们以惊讶、以贡献，不然就不要写。当海德格尔的《黑笔记》出版后，我知道一个可能的契机到来了。

海德格尔为什么说德意志是一个“等待的、到来的与无用的民族”？这个话是他在《全集》第77卷说的。当《黑笔记》最近出版时，整个西方哲学界一片哗然，特别是我曾经学习过的弗莱堡。《黑笔记》使海德格尔思想的天空彻底坍塌——他即使不是一个纳粹，也一定是一个“曾经”的纳粹分子。这点也许根本没什么好怀疑的。对此西方有两派，一派是保守主义的，认为海德格尔的纳粹倾向只是局部的；另一派是激进的，认为海德格尔的思想是毒药，应该把他的书全部烧掉，并且后来受他影响的法国哲学，也都必须被重新清理。

在这种情况下，一个中国哲学家该如何进入？有些学者说这是人家德国的事情，跟我们没关系——错！你的“文化大革命”，与之差别几希，怎么能说没关系？其实，在《黑皮书》出版后，无论你说海德格尔是纳粹或不是纳粹，欧洲思想都找不到出路——为什么？这是海德格尔了不起的洞见。在他看来，无论是赞同犹太教还是反对犹太教——都会无比地尴尬，如果是犹太性导致了拔根的开始，在现代性与技术思维合谋后导致人性整体拔根的“非世界化”，必须在拔根与归根之间重新思考；

是赞同希特勒还是反对希特勒？当然没有疑问要反对希特勒，希特勒是恶的，只是这个恶魔是“根本恶”还是平庸之恶的体现？却还有待于深入反思。就好比我们现在认同文革，还是反对文革，都对我们的未来还缺乏根本性的启示，为何？因为我们并没有打开未来，我们没有从未来反思过去。但这决不是说不去反思、批判，而是有比反思批判更重要的，是找到出路与未来。因此，必须同时做双重的工作：一方面要更为彻底深入地去反思批判；另一个是更为彻底展开新的可能性；而且要思考二者的连接与转化的艰难。这才是思想的任务。

海德格尔在77卷《晚间交谈》这篇文章里，写了一个老年人和一个年轻人在俄罗斯战俘营里的对话，让德意志成为一个“等待的、到来的与无用的”民族——因为西方已经终结了，世界是一个末世论的场景。过度的使用与消耗、战争的逻辑、技术座架或集置、犹太教的算计逻辑、整个西方的唯一神论导致现代独裁政体……这一切都是导致世界的“有用化”，存在的终末论，进而走向自我毁灭。正如阿多诺所说，“奥斯维辛”乃是西方文化的总体失败。

西方不是遗忘了“无”，大家都在乐此不疲做着“无的事业”：灭绝，自主的虚无狂欢与技术的被动代替。终于，海德格尔从庄子那里隐隐找到了出口，那个“无用”

的出口。不是思考虚无与完成虚无的工作，而是思考无用！在西方文化里，出现过“无用的民族”这种说法吗？显然没有！“等待”是有的，如等待基督，等待弥赛亚的到来。“到来”也有，如德国浪漫派讲“到来的神”与共通的神，但“无用”从何而来？只能来自中国的老庄！

“以无为用”，让让来为，贯穿了海德格尔后期的思想，我称之为“第二次转向”，这是我试图彻底给西方思想的一个出口。第一次转向：1932—1942，是他与纳粹合谋的时期，走向另一个开端却陷入了困顿；而第二次转向：1943—1953，这是海德格尔走出西方的时期，以无用之思，但却也同样搁浅了，他自己后来似乎也遗忘了这个出口，只是随着《黑笔记》97卷的出版，我才发现与77卷的内在联系，其中大量使用“无用之用”的语句，来与庄子隐秘对话。现在西方的研究者都没有联系77卷中的无用概念与97卷的庸用之思，来展开新的思考，而我重提的“无用”，可能恰恰是海德格尔思想所要面对的未来，是打开历史尘封的印记。

至此，我就找到了一个与西方世界对话的入口。注意，真正的对话，不始于知识学，而必须始于“痛点”，始于那个生命、历史、文化的“疼痛”之处。当西方遇到灾难，遇到纳粹这个情结时，你怎么帮他们剪断？“无用”的哲学，可能就是一副解毒剂。

“无用”和“无余”可以看出一种对应。当你作为孤独的个体,被世界抛出,你是一个“无余”的“无用”者。从有余到无余,有着两种情形。

第一种情形是“有余”的多余化,我们这里暂且不做纯粹的思考,以例子来说,这就好像一个“钉子户”:大家都拆迁走了,就剩你一个,你成为了“剩余者”;接着,你的房子终究还是被推平了,这样你就变成一个“上访户”,进入一种“例外状态”,成为持久的“余外者”;你被抓、被驱赶,成为一个“残余者”,不可能再次回到正常与健康生活。只能从此成为“多余人”,整个社会的多余人,而正义就在于如何面对此多余人。甚至最后作为多余的人,无余之人,被彻底谋杀——现代性的所有个体或民族所面临的逻辑,恐怕都是如此,比如犹太人“集中营”的命运,被隔离,被谋杀,或者成为残余生命而幸存,就如同阿伦特与阿甘本所分析的现代赤裸生命的形态,这也是现代性人性的基本形态。

第二种则是“无余”的情态:就是一旦你觉悟到个体的唯一生命,这个唯一的我,绝对的我,但与世界,无限世界对比时,你是无比地渺小与无价值,你必须建立与世界的唯一性绝对联系。但这是不可能的,“此不可能如何可能”乃是无余思考的根本悖论? 20世纪现代性的哲学其实都在面对此不可能性的逻辑!此虚无中如何还有着个我(余),“无”如何“余”化?这是从海德格尔的死亡之为不可能的可能性,到列维纳斯的他者之为死亡的可能性的不可能性,直到德里达的幽灵化生命,既非死去也非活着,这是“无余”之哀悼的逻辑:除非你要作为一个哀悼者,让死去的他者在我身上“余存”;我的自我哀悼,使我的生命成为一个死者,每一次都是对于“余烬”的经验;我死去,被他人哀悼,我便成为他人的“余影”。让他者的“余”备于我身——我通过哀悼,成为“余烬”——我被哀悼,成为“余影”。如同德里达说:“我哀悼故我在”。汉语说:余哀故余生!但如此的无余化,却导致了世界的幽灵化,如同德里达思考的,随着网络虚拟空间的反知识化与现存化,哪里还有个体生命的“心感”与此时此刻的情感?更为重要的是,在这样一种“有余”和“无余”的转变中,哪里有生命存在的“余地”?

李子俊　在“虚托邦”?

夏可君　对,就在这里。《虚托邦》这本书很快会出版英文版,里边会展开谈。“虚托邦”,不同于“乌托邦”的颠倒,也不同于“异托邦”的他者化与陌生化,而是面对了:“有余”情态中对于“自然”(phusis)的遗忘,“无余”情态中对于“心感”(psuchē)的遗忘,如何保持虚拟技术的同时,还可以让自然来为,让空无来为,让让来为,而中国的艺术传统已经隐含着如此的思考,只是有待于与现代生物技术、基因技术等等对话，打开“余地”之思。

李子俊　通过“让”来实现？

夏可君　是的，你说到了要点：“余让”。从“余”到“让”，从无用到让予，这是我的思想进一步面对现代性危机的推进！“让”的句法自行生成出来！让让来为，让让来让！如此同一律的句法就形成了新的哲学语法！而“让”包括两个维度，第一个维度，是犹太教卡巴拉神秘主义所说的zimzum，即上帝创世之前，不是去占有世界，而是回缩或“退出”世界，因为上帝的退出，才使世界得以出现，此创造的不断回缩与自我限制，是我们要模仿的上帝姿态，是需要在当代再次扩展的原初伦理姿势！

第二个维度则是中国儒释道传统里的“让”，如儒家的“禅让”，道家的“退让”，佛教的“忍让”。当我们把犹太教、儒家、道家与佛教这几种思想资源内在结合起来看时，当然还有基督教的虚己（kenosis），能否形成一种现代性的“让予”观念？现代人为了“被承认而斗争”，为了斗争而竞争，而我则强调“为让予而承认”，让争来让！为让予而让予，让让来争！这是一种新的普世伦理。它并不回避冲突与张力，这是争与让的辩证法！而一个现代文明国家：只有让利、让权、让教，三重让，“三让”，代换之前的“三有”，它才能拥有光明的未来，才有彼此存活的余地。

重言·寓言·卮言

李子俊　对这种“余让哲学”的理解，光凭理性认识似乎很难。这就好比想要充分理解庄子的“寓言”，就得先理解他的“卮言”一样。

夏可君　我问过很多做老庄的学者，什么是“三言”？什么是“卮言”？如果你说不出来，对不起，不论你资格多老，你都没有入门。

三言是指“重言”、“寓言”、“卮言”。重言即重复已有的话。比如，孔子和老子见面，是庄子用戏剧化的方式“改装”而成的。为什么要改呢？因为在庄子看来，孔子并不是一个成功者，孔子是中华文明命运与问题的象征，是一个“症候”。孔子一生有三次失败：周游列国失败，做帝王师失败，以及“获麟绝笔”的天命不再。孔子明明是一个问题与症候，我在我的基本古典思想的著作中讨论过这个严峻的开端难题，但可惜阅读的人很少！可后来的儒生却都把他当成了孔圣人。怎么解决这个问题呢？——这是与老子对话。重新述说那些既往之事，这就是“重言”，让孔子的命运被改造，摆脱人类社会的等级制，实行平等，“让王”才有余地。

“寓言”，是指自然的对话。只要有人，就有等级、大小、尊卑之别。自然是没有这些东西的，昨天还是高山，地震一来，今天就是齑粉。所有动物之间的对话，都是寓言。这是为了打破自然界的大小之辩，乃是去学习自然的变化之道，进入混沌之中，重新生成，如同现代量子物理学的偶发性，关键是聚集各个变化的时机，对之加以节奏的综合，这需要对于自然的技术化想象。中国文化保留了与宇宙秩序的节律共感与感通，这是通过回应自然变化而形成的活化能力。

什么是“卮言”？很多人，都直接把卮言等同于寓言了。对于传统的解经家、文人而言，对此不需要给出明确的定义，你只需体会到意思就可以了。但你作为一个受过科学训练的现代人，就有必要说出一二三。过去的讨论之所以失败，就是因为没有用哲学的思维思考哲学。哲学思考，必须经由概念。什么是庄子的哲学概念？“无为谓”，“无名人”，“浑-沌”这些便是。庄子将这些哲学概念看作一个个“人”——世上怎么可能有这样的人呢？这样的人就是“卮言者”。卮言者不讨论人类的矛盾如何化解，也不谈自然的变化多么无常，而是讨论一个可能的“无何有之乡”——“虚托邦”，在一个理想的世界里，没有灾难和死亡，这是一个敞开的状态——以空无为性来重构现实。这也就是“庖丁解牛”的启示，如同我自己的一本书所专门讨论的。庖丁解牛带来了三种视角，第一个阶段是“所见无非全牛者”，牛是牛，树是树，人是人，有着各自的结构与存在类型。第二个阶段是“未尝见全牛者”，牛被分解为碎片，它与其他事物组合——比如牛肉面，事物都是可以重新组装的。第三个阶段是看见“空隙”，所谓“游刃有余”的余地间隙，以不断敞开或无限扩大（恢恢乎）的间隙，去建构一头“可能的牛”，这是一种“非熵化”的逆转，让空无来为，这是逆觉，如此逆觉重构的物——可能相似于牛，可能已经变异了，这就是卮言要以空无的间隔“重塑”一个个可能的物，塑造一个个可能的世界，带有虚拟状态的“物”，这是“虚化之物”，这是物之生成的“可塑性”，因为与混沌相关，因为与空无相关，因为与技术的想象相关，是世界的可塑性，无尽的可塑性，这是世界的节日！但不是虚拟空间的余影。这种通道之无限敞开的可能性，恰恰是对现实最有力的重构。这可能还是不好懂。

李子俊　大致明白了，就像一个漏斗，使事物得以度过、得以方便，使酒不至溅出。

夏可君　对，这个例子好懂一些的。这是一个通道的敞开，无尽敞开，没有神，只有通道的敞开，如同我的法国老师让-吕克·南希所指明的！也如同本雅明反复指出的，在犹太教喀巴拉神秘主义那里，弥赛亚救赎的世界和现实的世界之间，仅有一点点差别，而在我们看来，差别就体现在"有用"和"无用"，是让予出来的。如果你是一个有用的人，一切都是日常状态，直到没有余地是死亡；而当你意识到自己的无用，进入卮言，就进入了哲学状态——让自然来为，让无来为，让"让"来让。

艺术：我的介入与面纱

李子俊　您对现代哲学的特点有过一个基本假定，即"哲学对艺术的需要远远大于艺术对哲学的需要"，此话怎讲？

夏可君　当然，这是哲人的谦逊之辞。当代艺术走向概念艺术，走向思想风暴，走向思想的实验，任一物在概念的思考中，都可以成为艺术品，而不必艺术家自己去做，已经彻底发现了另一种艺术，哲学对于艺术的影响与渗透，甚至到了艺术的终结。而哲人需要艺术家，这是因为，艺术是经验，是感性。从尼采开始，哲学返回生命的感性，一切概念都被标记为"力"。如果你不诉诸于一种生命力感的直接经验，你的哲学将是可疑的。为什么中国当前没有哲学家？因为这些学者们都不从个体真实的生命感受出发，没有面对思想的无力，个体生存的无力。从无力与虚弱，从无用中，生成出生命的感受，才可能有着哲学的经验。在现代性中，艺术已经取代了宗教，它是共通感受之直觉、直接、直观的表达。现代性的艺术基本上把翻译减少到最低，它是人类最底层经验与共通经验的纯粹表达，直接作用于共通感，也更具有普遍性，尤其是抽象性与概念化的“纯语言”。还有，整个现代性审美，在现代艺术中所体现出来的悖论性已远远超越了其他领域，即，现代性艺术是在破碎、辗转、无常、短暂中的永恒感或必然性经验，而所有传统的神学、哲学概念，都是在永恒中求永恒。艺术，将现代性的悖论与吊诡，体现得更为充分。

中国传统的哲学思想，一直都与审美关系密切，由于审美过分强化，使得中国也没必要发展一套牢靠的宗教观、哲学观。

李子俊　现在这个审美传统似乎已经式微了。

夏可君　对。这就联系到我的个人选择了。关键词有两个：“介入”和“面纱”。当代艺术，就是我的介入与面纱。作为哲学家，我一直没有找到介入社会的方式，现在发觉艺术会是一个好的桥梁，“介入”这个词来自于萨特，知识分子如何介入社会斗争。另外，这种方式对我自己的哲学也是一种迂回、保护与面纱。决不放弃启蒙的理性与反思批判，但又必须戴上一层面纱，以让个体的自由得以打开通道。在中国，艺术的场域相对自由，更加有利于我的“悠游”、“游化”，形成一种游化的主体！而“虚托邦”乃是由游化主体所敞开的。

李子俊　更具体一步说，您是一个策展人。

夏可君　对，策展人（Curator）是一个现代职业，性质有点像一个戏剧导演。导演得先有一个概念，有大致的脚本，然后找适合演绎的演员。比如我先有个概念叫“虚薄”，然后找哪些艺术家的画作中具备这种素质，其实相反，我是因为持久地介入艺术现场，发现了一个可能的虚托邦场域，才提出“虚薄艺术”的新观念，因为艺术必须在场，必须从经验出发，而非仅仅是概念的游戏。策展人——概念（主题）——艺术家——展馆——媒体——收藏，这是一个庞大的生物链系统。孔子说“游于艺”，在艺术的“场”中，更能形成一个“游化的主体”或“游化的共通体”。我和很多艺术家都有非常密切的合作，他们有很多作品，都是在和我交谈时相互对话而生成的，艺术家教给我的东西远远比大学里教授给予的多，这也是如今大学教育的尴尬状态，不可能给出礼物，而只有廉价的知识。海德格尔、梅洛-庞蒂……每个哲学家都有一个他艺术上的范例：海德格尔是梵高与克利，梅洛-庞蒂是塞尚，利奥塔是纽曼，德勒兹是培根与发明了褶子的昂塔伊，让-吕克·南希则更为多样化……如果没有一种艺术上的对应，你的哲学一定是缺乏生命经验与感受力，没有建立共通感的。艺术也是重新在连接康德自然与自由的二元论，来自于生命力共通感的“游化的共通体”就是一种可能性。

在艺术领域，就东亚的现代人而言，从日本的物派，韩国的单色绘画，到中国，我现在称之为的“虚色美学”或“虚薄艺术”——这是我在做的方向，以此重叙东亚的现代性，直至重写整个灾变化的混杂现代性。

李子俊　艺术的每一步都需要大量金钱吧？

夏可君　找展馆、画廊、美术馆、投资人，都离不开钱。艺术展览的每一步都需要费用，这是与资本打交道，了解资本运作的最佳途径，因为艺术还是奢侈品，可以观察中国当代经济的命脉与走向。幸好，有一些艺术机构认同我所预见的艺术方向，或者接受了我的说服，愿意支持艺术，尽管持久性一直缺乏。我的虚薄艺术已经做过了六次展览，在北京与上海的几个美术馆，还有台湾的画廊与香港的艺术机构，也在国外做过类似展览，在当代艺术圈中已经有所回响。在这个意义上，艺术是一种修辞，一些拥有资本的人可能并不很懂艺术，但他们的生命需要艺术的滋养，而你则要向他们说明一件艺术品“好在哪里”，你得有好的趣味与判断力。在这个艺术生产的意义上，我自己一直把美国批评家格林伯格作为楷模，因为正是他，带给美国现代艺术走向自觉的开端。在非商业的文

化意义上，我则把本雅明当做自己现代性审美的英雄典范，保持个体的自由游走，不受资本束缚。

李子俊　对中国现代艺术的状况，您评价高吗？

夏可君　高。首先它自由。比如小说是不自由的，道理你是明白的；诗歌自由但过于多样化，每个人都觉得自己是天才，却没有衡量标准。艺术有一个无情的标准：价格。你不到一千万，你就不算是大家。这个价格是指真正的价格，而不是炒上去的。一个艺术家，至少需要四十年的积累：你的创作要有十年，才能获得一种艺术稳定性；被批评家讨论十年，进行学术定调；被宣传推广十年，获得市场印象；被收藏家收藏十年，得到历史背书。经过这样漫长的时间，艺术家本人基本都死掉了，去除了他本人的因素，这样的价格会与价值更对等、更真实。

李子俊　这种价值对等的客观性与可信度如何保障？

夏可君　对，这就是在中国做艺术的困难所在。我做策展已经历经十年，凭十年的经验，使我有一个论断：整个中国文化的现代性审美，基本是匮乏的。甚至中国大学的文史哲，包括艺术学院的老师，真正懂现当代艺术并有现代审美经验的人，真是凤毛麟角。他们讲了一大堆文学、现代性、文化批评，但都没有现代审美的基本经验，甚至不是一个"现代人"。为什么这么说？就两个依据：一，中国大地上就没有几个现当代美术馆，基本设施都不具备,你到哪里去受教育?二,我们没有形成自身的现代性审美体系。当前大学的写实主义绘画、实验艺术、政治波普……都是在模仿西方,都不是原创性贡献。因为我们自己的核心观念根本都没建立起来,又何谈标准?那些大学里的审美教育课,基本都是无效的。老师们大都没有现代诗审美的美感,也不好好去学。传统断档、社会封闭;获得经济红利,却不好好转向生命的建设。个体自觉程度很低,因此没有获得"共通感"的欲望。

在西方,知识分子、年轻人都是在周末进美术馆和博物馆的,这已是一种现代人基本的生活方式。

李子俊 您的艺术素养从何而来?

夏可君 我没有真正的老师,都是自学。我在三十岁之前甚至没有看过一张水墨山水画的原作,但我看过天空、流水、云朵。艺术是一种"天分",是一种有待被唤醒的"自然",所谓"天骨"不可学。我曾被无尽地唤醒过,因此我知道自然唤醒的伟大性。我研究现象学,知道什么叫"本质直观",对艺术品也要有这种直观能力。我在法国留学时,把图书馆的画册从A看到Z,把身边所有能看见的画册都翻遍了。现在,周一到周五我一般不出学校,而周末总和艺术家泡在一起,因为艺术是一种经验性的科学,你必须耗时间去磨你的眼力。

诗，这被打断的命运

李子俊　您曾说因哲学所需的理性思考使您放弃了诗歌写作，可否细致谈谈那种心境？按您的理解，哲学和诗歌，最好是一种怎样的关系？

夏可君　在大学时代时，我是写诗的，后来读研究生就几乎放弃了，因为那时的大学生活是贫乏的。现在也写，只是不发表，因为我没想过要当一个诗人，尽管我有一本书叫《姿势的诗学》。我把自己定位为一个"文论家"，我更喜欢本雅明那样的写作。

在西方，有一个所谓的"诗歌与哲学之争"。哲学固然是理性的，但哲学也有迷狂，当哲学迷狂时，它会与诗意相通。但诗歌本质上是一种"神秘的知识"，它不可教；哲学却是要诱导人，并有所教的。哲学面对公共理性，而诗歌面对私人。这都是在谈西方；在中国，没有这种包袱。因为中国文人美学，打通了文史哲，面对自然，不是面对人类社会的教化，是以自然为性，唤醒人心中的自然性，唤醒自然的宇宙性感通，那是另一种平等的教化，是生命的转化，这是中国现代性所遗忘了的方式，也是自身文化缺乏转化的尴尬之处。

李子俊　张枣曾说《野草》才是中国现代汉语诗性的真正开端，您对此也表示赞同。

夏可君　对,因为这涉及句法。鲁迅《秋夜》的第一句话,“在我的后园,可以看见墙外有两株树,一株是枣树,还有一株也是枣树。”这话也可以纪念张枣(笑)。按照正常的汉语,一句话就表达完了:在我的屋外可以看见两株枣树。为什么鲁迅分两次说?——这是一个孤独者与零余人的眼光,在空茫中,视线是一截截移动的,他看了三次,句法也就被打断了三次。这,就是现代汉语的品质。现代汉语的诗歌,一个句子必须说三遍,如同海子的——“远在远方的风比远方更远”。现代汉语的诗性语言,最好地体现了现代中国被打断的命运。

“我相信你们会更自由”

李子俊　被打断的,也需要被再次衔接。您在《无余和感通》里写道:“家庭不再成为社会的主导与主体,但感通的德能则有待形成新的感发性,而且以此塑造新的公民与现代性的个体身份。”感通,是否蕴含了新的命运?

夏可君　你说的这个部分,我还没有充分展开。关于政治哲学的问题,我讨论得很少。这个原因非常简单:我认为一个哲学家在五十岁以前,不要过多地讨论政治,这并非说不参与政治行动,而是要形成成熟的政治批判是异常困难的，这并非意见与立场的表态，而在中国，知识分子在还不了解政治的严酷性与复杂性之前，就开始站队与表态了，这非常地危险，这会毒害年轻人此后的政治判断力。在这之前当然可以学习，但只有具备足够的经历、阅历与煎熬时，才可以公开讨论。年轻时太早谈政治，很容易到老陷入一种僵化的立场中去。

这是一个很好的问题。整个中国现代性的转型，需要有一个“现代主体”为前提。公民意识、公共理性、公共空间、公共德行，游化主体，都是其中的要素，而这些我们都是缺乏的。因为公共领域是被控制的，私人的德行又缺少规范，于是文化上很多有待建立的东西都被耽搁着。中国现在还不是一个真正意义上的“现代社会”。每次刚有苗头，都被打断。在我看来，这是你们这一代人的真正痛点，有待于你们去扭转。

李子俊　谈谈您的脑海里的“未来中国”？

夏可君　首先，三十年后，环境污染被治理好了；视觉污染，眼前这些垃圾建筑，你也基本看不到了。第二，公民素质的真正转型，在你们这代人身上是有希望的。第三，“混杂现代性”中的不利因素被减弱了，现代大都市的一些基本困境，也被减弱了，因为人口压力会变小；第四，也是最重要的——我相信你们会更自由，会实现更多真正的创造。我在那本关于海德格尔第二次转向与庄子的书中所言，可以再次在这里指明一下。我这本书其实是针对当下中国与世界未来大势的。即：

云格尔对于海德格尔在1930年代思想的影响，怎么强调都不过分，没有工人“型态”或类型的主体及其“总动员”，不会有巨大的谋制这一诊断的明确出现，也不会把尼采与技术关联起来，甚至也不会走向后期的集置，这是穿越虚无主义之“线”的不同方式。云格尔的几个基本概念：总动员——工人型态——痛苦——论线，都深深影响了海德格尔的著作，从《存在与时间》的生存运动到现代性的总体谋制，直到如何克服技术带来的痛苦，走向第二次转向后语言区分的痛苦。研究德国20世纪的思想如何面对现代性的危机，有助于我们思考中国的现代化道路，不也出现了如此悖谬模仿与可怕被动重复的机制？从新文化运动的革命到革命的内战与外战状态，从整风运动到文化大革命，都是总体动员式的。这三十年的经济改革与城市化不也是把整个中国人转变为现代性的“工人”或“劳动者”？中国文化已经实现了现代性转化？不是依然还在传统的界限之内？或者即便进入了混杂的现代性，不也同样陷入了虚无主义之中？并导致个体生命之巨大的疲惫与劳损，哪里有朱利安所言的“默化”？“存在的经济学”与“生命的家政学或经济学”或生命政治的运作，导致当下都处于普遍性的深度隐形痛苦,却又不自知的"吊诡"之中:现代性总体动员中的全体劳作者都处于隐形痛苦却又奇怪地无所感之中;如何可能会有默化发生?

我们甚至可以说,中国当前的社会也是庄子所指向的——良知之人不能与之合谋、也不必去拯救之——否则也是"灾人",那么只能虚待?如何进一步展开这个虚待的态度:随后二十年的时间只是"虚待的时间"?让虚待保持为虚待如何可能?只能通过艺术的方式?以虚待的态度来思考"三个"二十年的世代:(1)过去二十年的经济改革(1989—2009)——其实是一个败坏的世代?所谓的经济改革的"默化"其实是人心的败坏,尤其需要心斋化;(2)当下二十年的文化转化(2009—2029)——也许不过是一个在虚化与默化中等待的时代?一个必须经过彻底无用等待的民族?如同海德格尔在1945年之际的梦想?(3)再过二十年之后(2029—2049)——则是一个虚待中有所等待的新时代?

经过此三世的转化,才可以生成出一个新的民族?一个经过虚化与无用化而生成的新民族?如此这般一个让"虚所"形成并且一直保持继续"虚化"的时代,必须经过如此的"三世"转化。此新的"虚待三世说"乃是对孔子"礼记三世说"的新改写?以虚待方式的重新改写为:"无所待之世——虚待之世——虚托邦之世。"

但此卑微的虚待之思，就其本身，才刚刚开始，在少数者与无余者那里开始的节日之预备，才刚刚开始……

柯小刚

1972—

柯小刚——“六经责我开生面”

“六经责我开生面”

李子俊　来无锡拜访您，经过了很多河与桥。过桥渡河，不同于行路，路与前二者比，坚实而缺少歧义。桥与河，迫使你在不稳定中跨越；这跨越，从此地到彼地，一种陌异性借人敞开之时，又应你的行经而贯通旧地。在思想领域，比起人人能见的大路，我更留心这些隐而未发的“桥梁”与“渡口”。众所周知，在您的“思想谱”中，现象学和中国传统思想是两道主色，这是如何形成的？在此之外，又有哪些对您深具滋养力的支脉？

柯小刚　你觉得我有哪些方面？

李子俊　囊括中西，这是明显的，但论及侧重，还是海德格尔与经史诸子。

柯小刚　是吧？其实我没太想这个问题。对我来说，思想的生活其实没有多大变化，虽然不同阶段会读不同的书。

李子俊　确实，人不是机器，忽然让一条河辨认一瓢水，是一种冒失。您是把哲学当第一志愿的，中学起就有这方面的兴趣，这么往下梳理，应该更有意义。

柯小刚　是，我初中时就有哲学兴趣的萌芽。到了高中，便确定了要读哲学。初中有“思想政治教育”课，一般学生可能觉得它很无聊，我倒觉得它里边讲“社会发展”啦、“历史发展阶段”啦，很开阔眼界，使我对世界开始有一种历史视角、历史关怀——原来人类社会不是从来如此的。那时候在农村，没书读，自己瞎琢磨。当然，主要是在通常意义上的马克思主义的范畴内：社会呀、生产方式呀、生产关系呀……这一类。

李子俊　正式进入哲学史得到大学？

柯小刚　有书读要到上大学，是否“进入哲学史”不知道。我只是思考自己的问题，并不追求一定要读多少书。

李子俊　会有孤独感吗？

柯小刚　不是孤独感，也不是清高感，更不是孤傲——都不是。这种感受从小就有。好像没有准确的词能形容。能一起玩、一起交流的小伙伴确实是比较少。这不是我想主观追求的，也不是刻意排斥的，既不享受，也不沮丧。读书对我来说就是交朋友，思考就是对话。沉思生活看起来孤独，其实非常丰富。张轩辞从小也是这样。我们认识之后，各自觉得像是发现了另一个自我。当然，又不一样，可以互相学习。

李子俊　在汉语思想界，按道理您与古典结缘颇深，应属“正常”

或“正统”。但在现代性的背景下,您扮演的角色反倒充沛着某种夸张与异常,是学界的“另类”。您的“角色意识”体现在哪?您认为自己的使命是什么?

柯小刚　我的使命感,可以用王夫之的话说——“六经责我开生面”。六经并非固化教条,而是出发点,召唤我们重新出发、重新上路。汉代、宋代,每个时代都是这样。不断地重启,这是经典的生命力所在。只是在今天讲重新出发,必须通西学。

李子俊　学贯中西,这似乎是一个较高要求?

柯小刚　“学贯”的要求自然很高,但必须读西学却是最低要求,或者说是基本要求。

李子俊　中学西学,两者何为基础?

柯小刚　互为基础。要学会在中西之间彼此通达:从西方走到中国,从中国走到西方。在庄子的意义上,这叫道的学术,否则就是不能从一方达到另一方的“方术”。

缺乏艺术修养的哲学是可疑的,有时甚至是可憎的

李子俊　在您的《伦理、修辞与哲学教育:以〈尼各马可伦理学〉为例》一文中,您谈到一种西方文教传统,结论是“只有读懂修辞学和诗学,才有可能真正读懂伦理学和政治学”。您这番

对希腊的考察，似乎也有对中国古典文教的某种观照。对中国古典文教传统，以及它在当下生活现实的处境与可能，您可否简单梳理一下？

柯小刚　不止是修辞学和诗学，还有广义的艺术。艺术素养对于学哲学，对于政治和伦理问题的把握，都很关键。最好要有艺术实践，乃至成为日常生活的部分，才能更好地进入政治、伦理和哲学。对于思想生活来说，艺术应该作为一种必要的工夫修养。缺乏这方面修养的哲学是可疑的，有时甚至是可憎的。缺乏感受力的、缺乏工夫修养的、脱离日常生活的、只会概念分析的学术工作，在今天正以一种狭隘的方式，与各种各样的权力相勾结，形成了一种被称为“哲学专业”的东西。越来越学院化、专业化、权力化的趋向——无论在中国还是西方——加速了哲学的堕落。人类精神生活的品质降到了历史最低点。

李子俊　您同时也是同济大学哲学系系主任，对外，这当然是一个行政头衔，本身也意味一种“权力”。对克服以上问题，您有过哪些尝试？

柯小刚　个人很难做什么。这不是某一个学院、某一个哲学系的问题，而是现代学术的整体形态就是如此。同济哲学系和人文学院比较新，我们的老院长孙周兴老师做出过很多努力，希望营造一个宽松自由纯粹的氛围。

但全球大趋势在那里，没有谁能抵挡量化指标的权力统治。

李子俊　您自己还在办书院，这就是一种别开生面的尝试吧？

柯小刚　算是吧，你不说我还忘了。办书院的尝试，就是希望哲学能回归它更本真的状态，使它跟每一个老师、每一个学员的日常修养息息相关。这样就可以在一定程度上解决哲学过度学院化、专业化、权力化的问题。这个权力化，很大程度上来自哲学话语方式的专业化。这种专业化本身就是一种权力：话语权力。倒不是说现在哲学有什么权力。哲学现在毫无权力。

李子俊　斯威夫特有句话："古人生活在巨人国里，而现代人生活在小人国里。"当然这是一种文学上的夸张。现代生活的给"人"造成的撕裂是显而易见的，但撕裂的同时似乎却并不伴随"痛感"的产生。

柯小刚　这个问题有两个层面。一个是"古今之变"、"古今之别"。在这个意义上，斯威夫特的讽刺是成立的。另一方面，每个时代的处境其实都是类似的，都有"大人"也有"小人"，所以孔子告诫他的学生"汝为君子儒，无为小人儒"，"吾欲仁，斯仁至矣"。也不是说古代到处都是大人君子，现代到处都是小人，而是如你所说，这是一种修辞。这种修辞，代表了一个现代人的自我反省能力。斯威夫特自己当然是个现代人。在谈论古今问题时，人们经常会忘记，斯威夫特是现代人，施特劳斯是现代人，我也是现代人。没有谁是穿越来的。讲“古今之变”并不是拍古装剧。喜欢古典的不必自居古人，不喜欢的也不必骂人老朽。

李子俊　您是极具复古倾向的现代人（笑）。您说要复兴古典，而假设我就是个虚无主义者、相对主义者，及时行乐，不问过往也不问明天，这有什么不好？

柯小刚　好或者不好，其实每个人自己知道。你说的问题，不仅是现代人的问题，而是只要有人类存在就会有的问题，也是每个人都会面对的问题。每个人当然都有权做出自己的选择，而孔子、亚里士多德也只是陪伴你做出选择。他们会告诉你一些可能性，帮你发现物质主义的、及时享乐的快乐并不是真正的快乐。今天，人们觉得这是一种陈词滥调的说教。没关系，你可以去尝试。自己的一生很宝贵，不要浪费。

李子俊　刚才谈到了艺术。蔡元培先生曾把“美育”放在教育的核心，甚至讲“以美育代替宗教”，这是不是提得有些高？现代大学对学生“审美趣味”的养成似乎经常是一种放任自流的状态，大学趣味和社会趣味高度同质化。

柯小刚　蔡元培说的“宗教”其实不是人们平常所理解的宗教。宗教包含崇拜和迷信，他的“美育”显然不包含这二者。他的“宗教”其实就是“教化”。“以美育代替宗教”无非是说，美育是人之为人的养成中必不可少的方面，乃至最基础的方面。就其本来意思去理解的话，更多人会同意他的说法。

你说的第二个问题，现状确实比较糟，一时也改变不了。蔡元培的思想是从席勒《审美教育书简》来的。席勒有一首诗叫《散步》，展现了整个人类的历史——远古自然、农业时代、工业时代。在这过程中，人逐渐远离自然，也逐渐远离艺术。没办法。就像哲学的异化一样，不光是艺术通识教育在衰落，艺术本身也在远离自身。艺术变成了一种制造业，一种无感的、远远脱离日常修养的专业。在艺术界你谈日常修养，现在成为一种笑话。蔡元培如果知道艺术会堕落成这样的话，恐怕也不会说“美育代宗教”的话了。

李子俊　但与此同时，您还格外提倡书法教育，我自己也爱书法，但普遍看来，这与现代人们的生活方式颇有些距离。

柯小刚　人们都觉得书法离现代生活很远，觉得《论语》、《诗经》、《庄子》、亚里士多德、柏拉图，离现代人很远。但实际上，是现代人离现代人很远，更进一步的本质是，现代人离“人”很远。无论是书法还是音乐，无论孔子还是亚里士多德，他们都是离“人”非常近、非常切身的。现代人自己远离了自己，因此他当然会觉得那些事物离自己同样远。这是一个简单的物理学道理：他自己远离了上海，就觉得城隍庙很远，自己在上海，当然觉得城隍庙很近。

“A little difference”

李子俊　我注意到，您的微信公众号做得很用心。您的微信签名是“复兴古典，同济天下”。其实现在人们很少采取这种表达法，觉得这是在“说大话”。在现实介入方面，人们也更愿意相信那种制度性的、全民性的变革。您在“复兴”与“同济”的过程中，是否考虑过这样做的影响力与局限性？

柯小刚　这个顺其自然吧。古典教化从不在乎影响面、传播力这些东西。它不是一种传教，也不是商业推销或政治宣传。

李子俊　“理论要掌握群众”呀。

柯小刚　马克思这个说法是从基督教来的。整个现代商业、现代政治，都有一种基督教渊源。你可以把这一点理解为基督教的贡献，也可以理解为负面影响，都没关系。而古典教化，无论中国还是西方，都不追求这样的“掌握群众”，因为你在追求信众的同时就在远离自身。子曰：“古之学者为己，今之学者为人。”

李子俊　这就像您在《在兹：错位中的天命发生》一书中所写：

“曾经有一位德高望重的拉比说道：当新世界来临的时候，并没有什么特别的事情发生，山还是山，水还是水。然而，但是，似乎，有那么一点点不同。这一点点不同是如此地微小，以至于它的尺度超过了人类能够测知、衡量、把握和驾驭的范围，虽然你仍然能够隐约地甚至有时是强烈地感觉到它。因此这位年老的拉比说，创造新世界这件巨大的小事异常困难，超乎人的能力之外，因为人总是惯于幻想通过翻天覆地的大改造而带来新天新地。岂不知翻天覆地恰恰是旧事物的温床，而那难以把握其尺度的小小不同才是带来新世界的希望……”

柯小刚　没错，“a little difference”。我很高兴你看了我的书，感谢你的阅读！

李子俊　应该感谢您的写作！您倡导复兴古典文教，同时，这里也应有一种中国的“士”的“修齐治平”理想与现实的政治诉求，如时下“新儒家”就在反复言说自己的政治愿景。比较而言，您的政治愿景是什么？

柯小刚　愿景这个东西是很现代的。新儒家是有愿景的，所以它也很现代。现代政治、现代文化、现代商业，常常使自己落入到一些宣传、“愿景”里，比较喜欢轰轰烈烈，以为可以通过此类方式带来一些改变，但其实改变不了什么，甚至反而会带来更严重的问题。为什么越反现代性，越推进现代性？施特劳斯观察到的这个现象值得思考。不是说把儒家和现代性相结合，就能怎么样。也不是你用激进的态度反对现代性,就能怎么样。这两者都是误区。今天与其去展望什么,不如先对这两种常见的做法做反省。

李子俊　目前您的精力主要聚焦在哪?

柯小刚　最近在艺术上用功比较多,比如书法的学习和提高。但这不只是一种个人爱好,其中包含着探求"书法作为一种当代修养生活"的可能性。《庄子》也读得比较多。上个学期带学生读《逍遥游》,这个学期读《齐物论》。最近在《东方艺术-书法》杂志的一个专栏文章中,我总结了近年读《庄》和学书法的相互开启经验。

李子俊　这也是一种通识教育。

柯小刚　对,我的课常常是打通学院和社会。同济复兴古典书院就是一种通识教育的尝试。除了高校师生,社会各界人士都有加入,从12岁的初中生到80多岁的退休教授,都来上我们的课。目前学员有一百九十多人,最多的时候有三百多人。我有次在浦东一家餐馆里吃饭,一个服务员对我说他是我们书院的学员。在德国法兰克福机场还碰到过我们的学员。

真正的问题是“如何生活才幸福？”

李子俊　通识教育重在“通”字。我也遇到过不少沉浸在中国古典中的年轻人，有些整个就读成个迂腐的“老夫子”了，很容易走向偏执。

柯小刚　那究竟是古书造成的，还是现代阅读方式和现代人的偏见造成的？人们号称这个时代是最开放的，最有批判精神的，我怎么觉得非常封闭，非常缺乏反思和批判意识呢？整个现代人的心智状态，与历史上的各个时代比起来，显得更加封闭，更加自以为是。古代有古代的封闭、古代的狭隘，但心智整体更开阔。我建议现在的青年学生多看看古书，看过后才知道古人多么心胸开放，多么富有批判与反思精神。我一直担心，一千年后的历史书会不会给我们这个时代贴上“黑暗中世纪”的标签？

李子俊　这与学生对古典文献的解读能力下降有关？

柯小刚　其实没有。实际上，任何一个中国大学生，他的古文阅读能力肯定是超过他的英文阅读能力的，只是我们自己不知道。我们说读西方文本容易，你拿英文原著来读读看？你会发现很难，我们的英语教育还远远不够，而我们的古文教育是世界上做得最好的。无论是欧洲还是美国，除非专门去学，你很难看到哪个普通的高中生可以把一两千年前的拉丁文、希腊文看懂。黑格尔、马克思他们在高中都是必修希腊文的，今天在西方越来越少了。现在只有中国的中小学可以做到全面系统的普通古典语文教育。

我最近坐车时常听英文朗读的济慈诗歌和书信，感觉很受滋养。我们从小学学英语，学到大学，考四六级，然而我们究竟能读什么英文呢？根本不能读什么书。但是我们的古文，相比于西方国家的普通古典语文教育来说，做得很好。我们的古典语文教育也比我们的英文教育做得更好。英文教育已经彻底功利化、实用化，谈不上什么文学教养。但古文教育却还是中小学基础教育中最富有精神教养的部分。幼儿园的小朋友读汉代的"青青河畔草"都没有太大的困难，这简直是个奇迹。无法想象西方幼儿园的小朋友可以读拉丁文诗歌。以前他们是能做到的，现在已无法想象。西方复兴古典的时候，正是他们上升的时候。一旦鄙弃古典，就开始衰落。今天中国的上升与古典复兴也是有深刻关联的。我们要打开眼界看看国外的状况，才会发现我们的古文教育、古文阅读是目前世界上最好的。

今天我们的大学生只要愿意读古书，比如翻开《孟子》，可能不是每个字句都能搞懂，但是如果像英语阅读理解那样给他出题，他肯定都能做，他可以毫无困难地告诉你大意。所以说，不是我们没有这个能力，而是不愿去读。又譬如《十三经注疏》里的每一部,注疏都非常详细,尤其是唐代的疏。它是默认你只要识字就能开始读的。我们同济复兴古典书院就是拿《十三经注疏》做教材。很多在职学员并没有太系统的古文基础,但只要他耐心读下去,都能慢慢读懂。我们很多学员的切身经验证明了这一点。

所以,与其说是能力不足,不如说是我们的好奇心严重不足。古人的好奇心真的比现代人充沛得多,而现代人的能力是过剩的,兴趣却是萎缩的。

李子俊　这或许跟高中的应试教育有关?很多人看见古文就难受。

柯小刚　没有应试教育他照样难受。这是价值观的问题,或者生活方式的问题,不是人们今天动辄怪罪的"制度问题"。台湾最近改课纲,让小孩自己决定什么课值得学,可以想象会导致什么结果。如果我们也让自己的中学生决定要不要上古文,答案肯定是不上。最近美国耶鲁大学的学生不是联名上书,要求不学"主要英语诗人"这门著名的老牌通识课程吗?芬兰最近的基础教育改革是废除了所有科目,改为随机现场教学的"如何在咖啡馆里工作"之类的课程,这自然大受欢迎。但究竟能学到什么呢?所以,根本问题并不在应试不应试,也不在自由不自由,而在于究竟什么是自由?真正的自由、真正的快乐是什么？这不是什么“制度问题”。把什么都归结为“制度问题”是一个现代迷信。不解决问题，反而遮蔽真正的问题。真正的问题是“如何生活才幸福？”。这是最古老的问题，也是最新的问题。

李子俊　回到一开始问您的问题。很多人试图将您“归类”，归到“从现象学出发复兴中国传统思想”这一类人里，因为这么做的人也不止您一个。在我看来，这样分是有些粗暴了，我这第一个问题，有些欠斟酌。

柯小刚　这种归类就是哲学权力化的体现。为什么人们喜欢这样观察问题？因为他们感兴趣的不是哲学，而是圈子、山头、哲学江湖。“现象学”是一门学问，也成为一种权力，“古典学”亦然。喜欢这么归类的人表面上在关注学术，实际关心的却是权力江湖，而他自己往往并不自知。这很可悲。聪明都被消耗了。

现在的学生看老师，也是上来先看他在哪个圈子、哪个江湖里混，有哪些“码头”可以拜，占有什么资源。我到上海来，一个码头都没拜。相反，我总在不停地逃离各种圈子和山头。读书修行需要清贫，生活越简单越好，资源越少越好。我工作十几年，从来没有一分钱国家课题。海子有一句诗：“我顺手摸到的东西越少越好”。不要任何权力、圈子、资源、门户的介入，一个人凭着兴趣，去读古典、读现代、读现象学、读十三经和《庄子》、写书法，这难道不是再自然不过的事情吗？我从小就是这样读书的，到死不变。最近我的书法作品有一些发表和展览，有人就骂我凭什么跨专业抢饭碗？哎，这种人活得真可怜，就像《庄子》里写的猫头鹰，唯恐凤凰抢了它的腐鼠。

李子俊　看您的住所，能看出您的素朴。人们说学哲学一定要“衣食无忧”，这也是一种偏见。

柯小刚　高校老师，尤其像我这样不去争资源的，收入确实很少，但“衣食无忧”是能做到的。吃饭和穿衣确实不愁。

李子俊　您这里虽然是老式小区，房子也不大，但环境很好。

柯小刚　是呀，只要你愿意，你完全可以在偏远的地方找一个环境又好、成本又低的安乐窝。我从小家里很穷，冬天连棉鞋都没得穿，脚上长冻疮。但我还是会弄几分钱、一毛钱去买书看，其乐无穷啊。范仲淹早上煮一锅粥，把它冻硬了，划成块，一餐一块，不是也很快乐吗？做哲学要衣食无忧，这话的源头在亚里士多德的《尼各马可伦理学》里。他的意思很单纯，就是真正的“衣食无忧”，有基本生活保障即可，不是今天人们说的“先完成一个亿的小目标”之后的“衣食无忧”。当今中国大学老师的收入诚然还是低，但“衣食无忧”还是能做到的。不读书是他们自己不想读，不是因为缺那一个亿的“衣食无忧”。清贫一点，对哲学、对艺术的本性而言，没有坏处。

李子俊　在写作上,您的书因为牵涉的知识背景众多,读起来比较晦涩。有一些哲学学者,则选择用深入浅出的方法,使哲学介入大众。在话语方式上,您一直拒绝妥协。

柯小刚　我这几年的写作其实是越来越“白”了。当然,不一定是浅,有些地方可能在“白”中更深。通过我的公众号,我文章的受众面也广了一些。但我的目的不是为了影响更多的人。我没考虑过妥协不妥协的问题。我以前写得相对难读,并非出于孤傲;现在写得“白”,也并非由于迎合。写得“白”,是自认为想法比以往更通透些了,能够直白一些,以前是写不了、做不到这么白。我的写作越来越口语化,但很多人还是觉得难懂。我也没办法。我觉得主要不是因为读者缺乏背景知识,而是缺一点耐心和感受力。实际上,我的读者很多是学院外的。他们喜欢沉思生活,即使不完全懂也能有所感。我的课也一直有很多社会人士来旁听。他们不能全懂,但觉得有收获。前不久我因写论文,几天没更新公众号,一位新疆的卡车司机给我发信,说他是我的读者,几天没看到更新,担心我是不是生病了。稍微用心看一看,会发现我的文章其实没那么难懂。

李子俊　您做学问、写书法、画画、研究中医、办书院……像一朵花的盛开:这种生命的自觉——由生命自觉带来的整全意识——以及由此意识催动而出的充沛的游戏性,是我真正钦佩的东西。相形之下，很多哲学学者倒像个“技术工种”，生命的众多面向从没有充分打开。

柯小刚　我很高兴你能喜欢和欣赏这样的生活状态，但在很多专业人士眼中，我这个人的存在是一个问题。我的生活在他们看来是病态的。相反，异化的、狭隘的、被奴役而不自知的、生命的可能性被束缚的“专业生活”，被认为是正常的。

我如何生活？

李子俊　您这么干就是一“奇葩”。

柯小刚　赞我的，骂我的，都用这个词。其实，在封闭狭隘的环境中，每一个另类的存在都是一个错误。像我这样的人，不是我做了什么让一些人不高兴，而是我的存在本身就是个错误。如果我是个问题的话，那么这个问题没法解决，除非我不再存在。

李子俊　哈哈，这个有点难。

柯小刚　是啊，所以我也很抱歉，无法帮他们解决这个问题（笑）。

李子俊　现在有什么困惑呢？

柯小刚　目前直接的困惑是：王羲之写字的秘密究竟在

哪里?

李子俊　时间不早了,我想最后问三个问题,也算是一个问题:你是谁?你从哪来?又要到哪去?

柯小刚　我从哪来?我从生命大化中来。我是谁?我是人,这个人想要"赞天地之化育"。能做到这一点,就是一个"大人"。每个人天生都有各种"小",自带各种局限性,这是不可避免的。但我希望自己能成为大人。我从小的名字"刚来"就是这个意思。在记录我父母的一篇文章结尾,我曾解释过这一点。到哪里去呢?人终有一死。当不可避免的那一天终于到来时,我将真的死去,还是我的生命才刚刚开始?答案如何,取决于今天,每一天,我如何生活?

附：

漂泊在家乡的土地上

——记我的父亲母亲

柯小刚

母亲离开我们已经七年了。父亲把她的遗像挂在墙上，每天焚一炷香，跟她谈谈心。坟在村北的黑山，父亲每天要去山下走一走。有时爬到山腰，独自坐在坟头，吟一曲东坡的“十年生死两茫茫”，用他小时候在私塾学会的吟诗曲调。他想在坟边种一圈柏树。北山没有，找到南山，移来十几棵。山上没水，又从山下挑水上去浇。几年过去，现在已经郁郁葱葱了。

逃离，相识，在陌生的城市

父亲和母亲认识是在1954年的黄石第七小学。那时，父亲20岁，母亲17岁。他们是小学四年级的同学。父亲虽然是年龄最大的一个（按现在的标准大得离谱），但其他同学也都有十来岁。父亲小时候上过四年私塾，后来被祖父安排学做豆腐和糕点，跟家里请的雇工一起做事。

母亲身世极苦。兵荒马乱中，刚满月就流落在山里。没人知道那一晚上她是怎么度过的，为什么没有被狼吃掉。第二天，有人上山打柴，发现这个孩子，就把她捡回去抚养了。长到11岁的时候，母亲听说她的生母在黄石，就前往投奔。先是帮人看孩子，做保姆，14岁才开始上小学。到父亲来黄石插班读书的时候，她正好也读到四年级。

父亲来黄石读书，是逃出老家的。1953年土改，我家被划为地主（后来改划富农）。曾祖父和祖父省吃俭用积累起来的田产被分给贫下中农。祖父很配合，并没有什么抵触。他早年在下江（南京上海等地）做生意，思想开明。父亲则非常兴奋,热烈欢迎一个新时代的到来。然而,他很快就感觉到似乎有哪里不对。这种矛盾的态度后来一直伴随他,直到现在。在某种程度上,这种矛盾也遗传给了我。很可能,这本身就是中国现代史的遗产,每一个人都无法摆脱。因为,中国现代化的历史,就是这样一个不得不在矛盾中发生的历史。

祖父并没有把父亲当少爷养,而是让他从小跟家里请的长工一起睡大铺,一起劳动。父亲与他们感情深厚。土改分给他们田地,父亲由衷感到高兴。但他万万没想到,迎接他的并不是一个全新的平等时代,而是一个更加隐秘也更加赤裸的等级社会。与长工一起摸爬滚打的"压迫"结束了,被歧视到骨髓的"平等"开始到来。

父亲被迫逃离家乡,是因为一场追求平等的小小革命行动。文艺队下乡演出,宣传革命思想,歌颂土改,庆祝翻身做主人。儿童团长(自然是贫农子弟)把二十几个"地主儿"、"地主崽"关起来,宣称他们没有资格看戏。父亲非常愤怒,在儿童团长得意洋洋地训话的时候,扔石头砸了他的脚。趁团长捂脚的时候，小伙伴们一哄而散。第二天，父亲就“畏罪潜逃”了。

父亲来黄石插班考试，作文题是《春节记》。父亲写了他小时候与穷孩子一起过春节的事情，得到了满分。老师找他谈话，问他什么家庭背景？父亲说：“我并不是贫下中农出身，但我有贫下中农的阶级感情。”老师很欣赏，让他做班长。班里的同学也都很喜欢他，把他当大哥。他从小就是穷孩子们的大哥，这对他很自然。这也是有传统的。我的曾祖父和祖父虽然积累了些田产，但与雇农同甘共苦，仁德遍乡野，老辈人至今感念。无视德性，仅据财富判定一个人是好人还是坏人——人民一旦这样被“启蒙”，就会猛然释放出无穷的力量。力的时代降临，于今尤烈，不同的只是贫富和善恶的对应关系被颠倒。德性依然漂泊，在这故乡的土地上。

父亲只身漂泊在陌生的城市，没有生活来源，没有住处。他晚上睡学校的乒乓球台，周末去挑煤球卖，挣生活费。母亲那时是最能同情和关心父亲的同学。她帮父亲一起挑煤球、卖香瓜，挣的钱都给父亲。两个苦命的人，就这样培养出最深挚淳朴的感情。很多年，他们也不知道这叫爱情。有时卖完煤球，他们一起去西塞山飞云洞玩。走过长长的山路，也不牵手，也不说话。默默相守，深心相许。

母亲的家就在西塞山下的黄石第一人民医院。她的养父在那里（我叫他外公），生母也在那里（我叫她外婆），有两个家。我的外公和外婆为什么毫无关系？我小时候一直搞不清楚。我后面的叙述仍然用母亲的“养父”和“生母”这样的表述，不用“外公”、“外婆”的称呼，也是恐怕读者看糊涂了。

母亲的养父在黄石一院的食堂做工，孤身一人。她的生母在老家被丈夫抛弃后，来黄石重建了家庭，那时也在一院做工。母亲刚来黄石投奔她的生母时，一院还叫普爱医院，是1914年始建于大冶的英国教会医院。母亲来黄石寻找生母，是养父带她来的。养父带她找到生母后，就要告别回乡。母亲不愿他走，哭得死去活来，情形凄惨。普爱老院长王瑞亭先生看到这个场景，为之落泪，遂安排母亲的养父在食堂做工,好让他留在黄石,父女不必分离。老院长是个慈善家,救助了无数孤儿。解放初,他就把普爱医院献给国家,成为黄石地区第一所现代化大医院。

来自土地深处的本性

有一天晚上,在球台熟睡的父亲被狂风暴雨惊醒。他看到教学楼的窗户都没关,雨水打进教室,玻璃窗在风中发出巨响。他冒雨关好了全校所有的门窗。第二天,他的英雄事迹得到通报表扬。还有一个冬天,他刚领到学校新发的棉裤就送给了一位孤寡老人。这对他来说很普通,很自然。他从小就习惯这样做。他的旧道德刚好符合当时提倡的新道德,于是他得到器重,在学校是学生会主席,在班里是班长,在宿舍还是寝室长。但是,后来的经历表明,这种器重只是表面的,一到实质性的资源分配,他就会受到深入骨髓的歧视。出身是不可磨灭的原罪,无论你多么上进。

二十年后，当他们的第一个孩子（我的大哥）考大学的时候，还因为出身不好而被拒录。那时，父母已经回到农村。父亲拼命干活，换来“劳模”身份，希望在孩子上学的“政审”中会有好处。然而，事实表明，这只是一厢情愿的幻想。面对父亲的劳模奖状，母亲又喜又恨。奖赏劳模的一碗肉，父亲喜滋滋地端给母亲吃。母亲含泪说，这不是肉，是父亲的血汗，一块都吃不下。血汗和觉悟无法洗白种姓的低劣。出身是不可更改的罪恶，即使你付出百倍的努力。

但父亲从不气馁，自卑和恐惧更谈不上。他常常理直气壮地训斥那些出身贫下中农的党员：“你这样像个党员吗？还有一点党性吗？觉悟这么低，做出这样的事，我都为你害臊！”被训的人哑口无言。近两年，中央提倡“两学一做”，父亲非常拥护。我每次回家，父亲就问我：“你知道什么是两学一做吗？你做到了吗？”我说我又不是党员，我做什么？然后他就喃喃地说：“是啊，我也不是。不过，我觉得，就算不是党员，也应该做到。”他又说：“你的书里讲孔子的正名思想，我觉得很好。两学一做就是正名，就是党员要像个党员的样子！”我心里说好吧，老爸您说得对，不过我得先百度一下什么是“两学一做”，免得又被您批评“不关心政治”。

父亲在生产队的时候，支书和队长不顾农时，斗天斗地，争先进，拼指标，瞎指挥，分配完任务后，社员们都不动弹，等我父亲发话。父亲不得已，只得出面，重新分配任务，社员们才出工。公社的收成关系到每个人有没有饭吃，能不能活下去。农民心里明白，听谁的话，庄稼才能长得好。后来，他们组织了一次批斗会，控诉父亲“篡夺生产队领导权”。有人气得直叫：“还是地主儿地主崽当权啊！这叫什么翻身啊！”批斗会结束，他们向父亲喝道：“你给我滚下去！”父亲不动。“你耳朵聋了吗？叫你滚下去！”父亲说：“我听党的话，叫我滚下去就得滚下去。不过，台子这么高，要是摔断腿，明天不能出工怎么办？”他们只好改口说：“那你给我走下去！”父亲于是从容拾阶而下。社员们拼命捂嘴偷乐。

在父亲读书的时候，他受到的阶级歧视还不明显。但越是这样，父亲越觉惶恐。仿佛有个定时炸弹，不知何时就会爆炸。1957年打右派的时候，父亲是黄石四中的学生会主席。母亲当时在黄石二中。她非常担心父亲会被打成右派，成天提心吊胆，提醒他要小心。四中的一位田老师教音乐和美术，受到隔离审查。上级很重视学生会主席的意见。被问到田老师的情况时，父亲说："别的我不知道，我只知道她是一个好老师。同学们都很喜欢她，敬重她。"后来田老师的右派嫌疑被暂时解除，上级派父亲带两个同学去一中的隔离审查点把田老师接回来，或者说押送回来，因为他们都要带枪。回来的路上，父亲的心情很沉重，不知道明天会怎样。

很快，父亲转学到了南宁，又是四中。他的五叔那时在南宁工作，他去投奔。1958年大炼钢铁，父亲日夜奋战，终于晕倒在炼钢炉前。他被抬进医院，又一次成了英雄，不得不再次做了学生会主席。有人怀疑他"政治投机"，不知这种劳动热情对他来说只是天性。如果说那时还有政治之机可投，以及后来在生产队务农又有阶级出身的压力而不得不拼命挣“劳模”的话，那么，等到80年代做豆腐的时候，父亲完全是自主的“个体户”，为什么还要拼命工作呢？——年底最忙的时候，他可以连续一周日夜不息，以至于端着碗吃面条都会睡着，一头栽进烧豆浆的灶火余灰，把手烫伤。这是来自祖祖辈辈的勤劳本性，根深蒂固，不是新文化的投机所能驱使。又一次，旧道德在新文化这里还有一点残余的红利。今天，靠的仍然是这片土地上这群人的古老本性。

“患难之交恩爱深”

在病床前陪护我父亲的文芳同学爱上了这位炼钢英雄。文芳是个文静内秀的女孩，她悄悄地爱着。炼钢之后的那三年，大家都吃不饱。文芳却说一碗玉米糊太多，她吃不了。在食堂里，她总是看我父亲吃掉她省下的半碗，然后把两个碗摞到一起拿去洗。时间一长，父亲知道了她的情意，感到惶恐不安。一是阶级出身的定时炸弹提醒他不能害了人家，二是他无法忘怀黄石的初恋,我的母亲。

在黄石读书的时候,母亲也曾在医院陪护父亲。有一次,父亲从单杠上摔下来,当时气闭,不省人事。同学四散,吓得到处找老师。母亲远远看见,立刻冲过来,二话不说,背起父亲就奔医院。母亲是一个敦厚而勇敢的人。后来随父亲下乡务农、做豆腐,母亲不避脏活重活,不让须眉。有一年,我家自养的猪被公家拉去宰杀。母亲半夜起来排队,想要买到珍贵的猪油。结果排到她的时候,供销社的人撒谎说卖没了。母亲义愤填膺,拿起刀就切板油,甩钱就走。她从来不会骂街,平时也沉默寡言。但是当她发怒的时候,村里多么横的男人也畏她三分。

母亲背父亲到医院很及时。医生说再晚就麻烦了。母亲守候父亲醒来,高兴得直抹眼泪。两人抱头痛哭。在那一刻,母亲才知道这个人对她有多重要。父亲也是在那一刻才知道,这个世界上究竟是谁最在乎他的存在。父亲那时过着貌似光鲜的学生干部生活,心里却藏着一种隐忧,一颗阶级出身的定时炸弹。他是同学中的男神,女生都争着帮他打饭、洗衣服，一起玩。母亲从不参与这种嬉闹的游戏，只在背后默默地关心所爱的人。父亲生活中黯淡的一面，挑煤球、卖香瓜，她乐意携手分担；貌似光鲜的一面，她远远地看着。直到有一天看见父亲从单杠上摔下来，人群散去，她不顾一切地冲过去背起父亲，他们的关系才公开出来。“患难之交恩爱深”：我从小惯听母亲吹笛子唱的一首歌，里面有这样的句子。

母亲对幸福生活的渴望远不及她对被遗弃生活的恐惧。她对生活从无半点非分之想。很小的时候，来黄石之前，她曾找到生父。她想吃板栗，手被板栗毛刺扎痛了也没打开。生父正在旁边磨柴刀，恨恨地说：“看我今天不杀了你，还想吃板栗！”母亲吓得赶紧逃回养父身边。养父养母没有生育子女。在母亲10岁时，养母去世了，养父就带她来黄石，帮她找到了生母。母亲有一个妹妹在乡下做童养媳，后来母亲也把她带出来了。又有一个同母异父的弟弟，母亲对他关怀备至。我小的时候，逢年过节，母亲就会带我去黄石走亲戚，看阿姨和舅舅。他们给我表哥们穿旧的衣服，给我吃从没吃过的东西。我第一次见识香蕉这种神奇的水果，就是在那里。还有慈祥的外公，他给我五毛压岁钱，是我见过的第一笔巨款。我跑到黄石新华书店，买了平生第一本书。舅舅送我一套《世界五千年》，一共有六本。我反复看了无数遍，从小养成了神游历史、关怀世界的习惯。读初中的时候，我得了黄石全市地理竞赛的一等奖，有机会到黄石受训，准备全省竞赛（后来也得了湖北省的一等奖）。那个暑假住在黄石阿姨家里，是我第一次在城市生活那么久。有时走在黄石街头，想到父亲母亲都在这里读过书，挑过煤球，是不是也从这条路上走过？

在黄石读书的时候，有一个叫芳芳的同学热烈地爱着父亲。这是一个活泼开朗、聪明可爱的城里姑娘。她公开大胆地追求，全校都知道。她把母亲当情敌，但母亲衷心觉得她与父亲是一对。母亲对芳芳说，你要珍惜那个人，要对他好；又对父亲说，芳芳是校花学霸，你俩很配，不要三心二意。父亲很生气，说，我的心里有谁，你应该知道。小学毕业的时候，有四个同学得到了保送中学的机会，其中三人就有我的父亲母亲和芳芳。父亲保送黄石四中,母亲上二中。芳芳也上四中。母亲说,你看,这是天意,你俩确实是一对。父亲说,天意是我们俩应该现在认亲(订婚)。那个暑假,母亲就带父亲去见了她的养父和生母。两位老人满心欢喜。

然而,初中学业紧张,没时间打工了。母亲想退学做工,支持父亲读书深造。父亲不同意。然而生活无着,不得已与母亲分别,去南宁投奔他的五叔,在南宁四中继续学业。机缘弄人,这时出现了文芳。文芳跟芳芳不同,沉静温柔,有话埋在心里。像母亲一样,她也在父亲最困难的时候给了他最纯真最珍贵的帮助。父亲很感动,但他不能接受。文芳很伤心,伤心欲绝。父亲因之痛苦,彻夜失眠,以致忧郁成疾,影响了高考。加之五叔下放,调离南宁,父亲再次生活无着。父亲离开南宁的时候,文芳要跟他走。父亲坚辞,洒泪分别。火车缓缓启行,父亲看见文芳跑不动了,瘫坐在站台的水泥地上,泪眼模糊,痴痴地望着,越来越远,越来越小。这一幕让父亲心痛了一辈子,终身负疚。几十年后，父亲听到感人的歌，还会叫我百度一下，看歌词的作者是不是一个叫文芳的人，因为他觉得歌词写得那么像他们的故事，别人写不出来。

从土地中长出的，不可能根除

母亲一接到父亲要回来的信，就把工作辞了。那时她已在大冶钢厂工作。她决意跟随父亲回到农村老家，无论迎接她的会是多么可怕的命运。那是1961年的腊月，一个灰蒙蒙的冬日午后。精疲力竭而又充满幸福，母亲一上车就靠着父亲的肩膀睡着了。醒来时已经到站，就这样踏上这片土地，俯仰于斯，歌哭于斯，生儿育女，直到躺进她的怀里，成为这片土地本身的一部分。

他们的婚床是自己上山砍树枝搭的，铺上稻草就是最温馨的家。在农村的开头四年是他们最快乐的时光，因为他们获准办一所小学，可以用知识回报乡亲。他们的学校建在一个村庄的宗祠。祖宗神主早被清除，但教化如在。千百年来，从土地深处生长出来的文化生命，是不可能被迅速清除的。最近这些年，家乡各村的宗祠都在恢复。不过，除了逢年过节的返乡祭拜，祠堂平日都是关着的。祠堂虽已重建，但其教育功能却已湮没无闻，反不如我父母回乡时竟能在宗祠的废墟中兴办教育。当时以祠堂天井为界，一边是母亲的课堂，带较小的孩子；一边是父亲的课堂，带较大的孩子。所有年级在一个空间，不同课程同时进行。除了语数外，还有音乐、体育。所有年级，所有课程，只有他们两个老师，忙得不亦乐乎。

跟孩子们在一起，他们快乐得也像孩子。村民送来米面青菜，甚至专门炖鸡汤送给他们补身体。那时有了第一个孩子，就是我的大哥。他是我们兄弟姐妹四人中唯一有过通常所谓“幸福童年”的孩子，在父母的怀抱中长大，性情敦厚，心地善良，最像母亲。我是老幺，生在文革晚期，这个家庭濒临崩溃的最艰难时刻。我的童年自然也有一种天生地养的大快乐，但几乎就没怎么见过父母。因为他们起早摸黑干活时，我尚未醒来，等他们披星戴月回来时，我已经睡着。我从小的梦境中最多的情景是到处找父母，怎么也找不到。

1964年，父亲参加了一场教学比赛，获得了极好的成绩。公开课在金牛南城中学举行。父亲讲的内容是一篇描写旧社会长工生活的课文。父亲从小与家里的长工生活在一起，感同身受，讲得非常生动。上级非常满意，计划升调他来南城中学教书。然而，就在这时候，“四清运动”开始了。我的父亲母亲成为清理对象，“清理阶级队伍”。好吧，那是他们的队伍，虽然我父母的“阶级感情”可能比他们还要真纯。于是，升调不再可能，甚至原有的简陋小学也保不住了。父亲母亲被剥夺了教师资格。即使这样，在村民的挽留下，他们还是顶着压力，继续教了一个学期。最后不得不离开时，同学们都哭了，家长也都哭了。当年的学生如今也老了，对他们曾经的两位老师仍然怀着深深的感念。

从1964年到1979年，包含文革的十年，父母亲度过了一生中最艰苦的岁月。农作的辛劳和生活的贫困还在其次，更大的折磨是低人一等的屈辱。母亲任劳任怨，忍辱负重。父亲机智勇敢，每每化险为夷。做大冶湖的时候，祖父买了工友的一碗肉菜，多吃了一份。这被当成地主阶级多吃多占的反面典型，受到严厉批评。祖父辩解说，他是花钱买的。领导更加生气。眼看就要开批斗会，上纲上线。父亲及时站出来叱责祖父，促他“低头认罪”，才没有扩大批判。事后，祖父赞扬父亲机智，帮他免了皮肉之苦。

二哥常说，他小时候最佩服父亲的一点是，无论到了多么困难的时候，父亲总能想着法儿变出一点东西来吃。我那时还小，不记得父亲怎么变东西出来吃。我只记得二哥是最能想办法找东西吃的人。年底放干水打过鱼的泥塘，看上去什么都没有了，他却能摸到小鱼和泥鳅，装满一套鞋，上岸哗啦倒满一盆，母亲高兴得不得了。那些年陆续有了二哥、姐姐和我。人口越来越多，粮食却越来越少。我记得有一次吃了米糠做的粑，因为太粗糙，拉不出屎，奶奶拿小树枝帮我捅屁眼儿。

以另一种方式，持续到来

那时的生活虽然贫穷艰苦，却充满了温情和快乐。我记得小时候家里只有一张小桌子，好像没什么凳子。每顿饭只有一个菜放在桌子上，每人夹菜到自己碗里，端到门口吃。我那时大概只有四五岁。我记得夹菜的时候总是想，我不能多夹，多夹的话，别人就没有了。一碗菜，六口人，有时竟然还能剩下一点。一家人并不围在一起吃饭，每人夹菜的时候只有自己一个人，但家庭和亲人以另外一种方式更加真实地在场。

由于害怕孩子饿死，随时准备着把孩子送人，我们兄弟姐妹之间从未被教导互相以兄弟姐妹相称，而是直接叫名字。但即使这样，我们兄弟姐妹之间从来没有发生过什么矛盾，也从来不存在什么争宠、猜忌和相互怨恨。一直到今天，我们兄弟之间只有相互信任和关爱。父母对我们并没有多操心，甚至很多时候疲于奔命，根本顾不上我们，但我们对父母却从来没有一丁点抱怨。我不知道这些是如何做到的。这几乎不是可以仿效的教育方法，而是父亲母亲这样的人格自然散发的自然影响。

另一方面，我们的关系又是平淡的，从来没有特别的关爱。我们家从来不给谁过生日，逢年过节也只是一起作个对子（春联），围炉夜话。最快乐的期待不是什么生日礼物或压岁钱，而是父母亲从山上打柴回来时捎带的山楂、毛桃、鸡屎梨。我见到父母的时间主要不是在家里，而是在田野工地。我眉角的疤痕就是在工地被大锤误伤的。大哥二哥上中学时，在外面住读，很久才回一次家，回家就抓住我掏耳朵、扪痱子。姐姐大我不多，我们常在一起玩，春天采野菜，夏天打猪草，秋天扒松针，冬天她给我织手套。我一度是孩子王，漫天打架。后来搬到陌生的村庄，又开始上学，就喜欢一个人默默读书了。但孩子王的潜力还在，所以会在学校保护姐姐。

我们一家人都不爱赶热闹，在喧闹的酒席总是如坐针毡，能不参加就不参加，能先走就先走。我一家人都这样，即使能言善辩、酒量过人的父亲也这样。我记得有一次村里有人结婚，奶奶叫我去吃肉，我说没时间，我要写作业。奶奶大为惊异，逢人就夸我是读书种子。其实，我只是不喜热闹罢了。

我们经常搬家。大哥、二哥生在不同的村庄，姐姐和我生在老家谈桥。到我五六岁的时候，又搬离老家，辗转沟壑。我小时候的印象中，总是帮大人扛着锅碗瓢盆，从一个村庄走到另一个村庄。父亲曾有句子写道："流浪他乡年半百，东挪西借，难度断炊日"。我们似乎总是在家乡流浪的异乡人。为什么我们家总是跟别人家不一样？姐姐对此尤为敏感。我们常常在打猪草的时候探讨这个问题。我儿时的梦境总是反复出现这样的场景：我路过一个陌生的村庄，一条恶狗忽然扑上来咬我。我没命地奔跑，一边跑一边向后扔石头。眼看快要追上的时候，我会突然转身，愤怒以对。我抓起树枝就打，有时直接用脚踹。我的生命深处，毕竟流淌着父亲母亲的血，平静，但有血性。

母亲怀我的时候，湖北开始了计划生育试点。村里的妇联主任带六个孕妇去镇上检查，只有我妈妈查不出有孕，其他孕妇都被迫做了人工流产。那时，母亲怀我已经三个月。妇联主任不死心，尤其不想让地主崽子再增加一个。三个月后，母亲又被带去检查，这次是在县城的医院，用更先进的仪器，但检查结果仍然是没有怀孕。我就这样捡了两条命。母亲信佛教。她相信是在检查的时候，观世音菩萨托我出去了，所以他们查不出来。父亲则跟我开玩笑说：“你的隐居兴趣由来已久嘛，没出生就隐过。”

母亲生我是在一个漫天飞雪的冬天。父亲挑柴出去换米，还没回来。等他回来，才有米下锅。当时连一块包我的破布都找不到。隔壁王奶奶送来旧布头，再裹上旧棉絮和草绳，就成了我的襁褓。母亲因为劳累过度，又缺乏营养，没有奶水。我是喝米汤长大的。没有人相信这个孩子能养活，所以干脆没有记他的生日。但这孩子竟然度过了那个冬天，活了下来。父亲常说，给我起名“小刚”，是希望我刚强，希望我无论遇到什么困难，永远乐观向上，热爱生活。在我们的方言里，名字后面会加一个“来”字。所以，我从小被人唤做“刚来”。我后来知道“刚来”竟是《易经》

里的常用表述,意指阳气的增长和君子之道的壮大。我不知道这一辈子是否能做出一点成绩,配得上“刚来”这个名字,但只要想起母亲的音容笑貌,看到父亲健动不息的身影,就会有一种温柔的力量在我心底,持续到来。

周濂

1974—

周濂：这是一场豪赌，但我愿意下注

紧追小真相，警惕伪先知

李子俊　您的微信朋友圈，为什么设置为“仅三天可见”？微博也在很早以前停用了。这些当然都是小问题，但在藏污纳垢的日常人意中，个体在细节上的行为选择，往往有将信念引向真知的拉力。

周濂　这是很偶然的选择。有一次，我发现有人竟然给我两年前的微信点赞，使我非常惊讶。我意识到自己没有必要将自己的生活像档案一样开放，供所有微信好友查阅。

我的微博也很早就不登了，因为沟通成本太大。即使面对面交流——我们有很多共享的知识背景——依然会存在很多误读，微博里的误读只能更深。每天都有各类热点问题，会使你的生活碎片化。作为一个学院派的思考者，你需要去关注那些更长程的问题，不要把生命消耗在短程与即时的事件中。

李子俊　“talk about each other”和“talk to each other”，的确是

两种完全不同的选择。您的选择,也来源于您对时代的某种预估? 比如所谓“后真相时代”的定论。

周濂 “后真相时代”,是川普上台后逐渐炒起来的一个概念,当我看到这个概念时,一点都不觉得新鲜。语言哲学在上世纪五六十年代,已经把这个问题聊得很透,认为不存在一个“赤裸裸的真理”,某种意义上,真理都是被建构起来的。后真相时代,对于那些熟知当代哲学发展潮流的哲学家而言并不陌生。后真相时代,或者说后形而上学时代,要求哲学家放弃自己作为真理代言人的冲动,当然,这不意味着不再追问真理;其二,如托尼·朱特所言,人类社会其实一直有一种“大真理”和“小真相”的区别。柏拉图以降的哲学传统一直在试图追求“大真理”,为此甚至不惜舍弃各种各样的“小真相”。在后真相时代,我们要尤其警惕那些自称发现大真理的先知,并紧追对每一个小真相的认知。

李子俊 我们的现实社会,难道不正处在某种大真理的建构中?

周濂 是的,但你相信它吗? ——旧有的“大真理”已经失去了,无数个“小真相”又不可得,于是使民众陷入到一种绝望之中。民众的绝望其实是一种非常可怕的情绪,它会隐隐召唤伪先知的出现。从20世纪的历史可以看出,当伪先知与群体狂热一拍即合,将产生多么难以预料的后果。

李子俊　从传播学的标准上看，您本人其实就满足“先知”的某些预设。是什么力量，阻止了您“登高一呼”？

周濂　我或许天生就是一个怀疑主义者。我对所有被光环与花环簇拥的人都抱有极大的警惕。我挺不喜欢成为焦点的，那会让我不适。

“你无法叫醒一个装睡的人”

李子俊　您最具标识性的作品是《你永远都无法叫醒一个装睡的人》——装睡固然不好，但我尝试为“装睡者”做些辩护：装睡，抗拒那些似是而非的唤醒者，且能主动选择在何时醒来，这或许是个人在屡经煎熬后所能捍卫的最后权利？

周濂　权利？

李子俊　沉默权。

周濂　你的角度很有意思。如果一定引入“权利”这个概念为“装睡者”辩护，在一个意义上我是同意的。我这个表述其实有一个很强的预设，就是我之所以应该叫醒你，是因为可以让你过一种正确的生活。这个预设其实并不真的成立。如果你认为这种生活并不正确，或者你在伸张一种类似消极自由那样的“允许犯错的自由”，你当然可以继续装睡，就此而言，你拥有所谓的“沉默权”；可是另一方面，如果装睡者不仅仅是为了自我保护，而是为了更好地利用规则，使自己获利，并宣称自己拥有一种拒绝“被叫醒”的权利，那么这种选择就相当不真诚。

另一个重点是：我反复强调，那个装睡的人最终只能由他自己“决定”醒来。有了自觉，才能获得真正有意义、有力量的觉醒。把一个人“弄醒”的方式有很多，但从伦理学的角度出发，除非你有自我觉知，不然一切唤醒都不具有正当性。

李子俊　清醒，与清醒后的失眠，这里的分野在哪？痛苦、煎熬、失眠的醒者也比比皆是。我很明白觉醒的意义，但如今我更关心的是：如何使焦灼的清醒者安然睡去？

周濂　我特别理解你。这是一个很好的比喻：由于一直清醒，睡眠时间过少，以至走向失眠的焦灼。我很同情这些“失眠者”，但也常常提醒自己，不要由于清醒而暴躁，甚至成为一个怨恨式的批评者。怨恨所引起的一个很大问题，就是最后一股脑地将错误推给了制度与权力本身。我认为，一个人应当保持住他思想的平衡感，不要极端，更不要自称“清醒”。借用柏拉图的洞穴比喻，当你走出一个洞穴，自以为看见太阳的时候，很可能不过是置身于另一个洞穴之中。因此，我从不自诩为走出洞穴的哲人，我只是试图告诉大家：不要困守在一个洞穴里，要学会在不同洞穴间穿越。用柏拉图的话说，就是要学会“灵魂转向”的技术。而且要意识到，灵魂的转向不是一劳永逸的事。人之一生，也许要经过若干次的灵魂的转向，哪怕你依旧不知道何为真实，至少知道存在着那么多不同的洞穴：这本身就是件最重要的事情。

李子俊　您相信素朴的“有为主义”吗？

周濂　我不知道什么是“有为主义”，在我看来，对于有理论雄心的人来说，这个时代是创造伟大作品的最好时代。当然，这意味着你需要为此付出必要的代价。霍布斯去国离乡，逃亡巴黎，写下《利维坦》；洛克隐姓埋名写了《政府论》，这都不是容易的事。现代学术，学院化、体制化卷入太深，很多学者都失去了自由创造的能力。我最近甚至还在想：如果真想写出好东西，可能真得放掉在学术期刊上发表的想法。在学术期刊上发表，意味着你的文章已历经各种各样的审查，你很难说出自己真正想说的话。

李子俊　原来您讲自己要“两手抓”，公众写作与学术标准都要照顾。

周濂　现在公众的部分还是在用心做，比如“喜马拉雅”上的音频节目，里边其实也夹了很多“私货”。我不愿意用“知识启蒙”这样的词来形容这类工作，我只是想为公众提供更多看待世界与思考自我的方式。另一方面，我依然想写一些“硬”的东西，但“硬”的标准，不是A类期刊定的。

李子俊　《现代政治的正当性基础》就是这样的“硬货”。现在是否有新的理论雄心？

周濂　对时代作出总体回应是一件困难甚至痛苦的事，现在依旧在痛苦的思考中。

李子俊　您认为自己是“问题的一部分”吗？

周濂　一定是这样的。无论主观上多么不想成为问题的一部分，但其实你迟早或已经是问题本身。过去这么多年，我能很清醒地意识到自己身上那些“集体无意识”经常作怪，在我身上，那些历史的、政治的教育，依然有很多残留物。随着年岁渐长，我会最终成为“老年人”，而老年人和年轻人之间总会存在各种各样的争斗——不管有意还是无意。我只能说，我在努力避免使自己成为问题的一部分。

“父亲”高于“哲人”

李子俊　您的夫人刘瑜老师也是一位灵气洋溢的政治学学者，这种智识上的充裕，是否能为家庭生活带来更多幸福？

周濂　智识不能保证带来更多幸福，但能保证避免一些根本性的冲突。两个人如果对一些基本问题信念相左，是很难过到一块儿去的。美国等等民主政治活跃的地方，因为政见不合导致家庭破裂的例子比比皆是。一个左派和一个自由派，不太可能过到一起去吧。

李子俊　也不排除一些日常智慧的调和。个人政见只是一个剪影，它总会连带一系列外部及联锁效应，比如生活选择、消费观乃至审美偏好。在表达政治诉求的同时，明白在何处止步，或许更为重要。在面对女儿时，一位具有哲学洞见的父亲会有何种不同？

周濂　在我和布谷（女儿）接触的时候，我能明晰感到父亲的身份远高于哲人。很多时候，我不会自觉地以哲学家的身份审视我跟她的关系，但依然觉得如今孩子被过早地规训了。这种规训不可避免，既来自社会，也来自同辈。举个例子，布谷是一个平衡感不太好的小朋友，她每次滑冰时上冰面都吓得要死，有次班里组织孩子们去溜冰，我和她妈妈商议的结果就是不去了，因为我们担心她去了会大哭大闹，干扰到别人。但两次不去后，她主动要求自己也要滑冰，因为很多同学都会凑到她眼皮底下，问她不去的理由，会进行某种意义的嘲弄，她就会有很大的心理压力。现代社会一直有一种整齐划一的取向，任何想特立独行的人，都将付出巨大的代价。

脚下沾泥的政治哲学家

李子俊　回顾您的学思历程，早年有一段"政治哲学"转向。是什么促使您从一个研究存在问题的经院式学人转而成为一个脚下沾泥的政治哲学学者？

周濂　这个比较复杂。我自小喜爱写文章，并且写完后会心中默念文字，转换视角，从读者的角度审问这句话是不是说通了。这种"读者视角"一直伴随着我的写作和思考，因此，我也一直不大喜欢那些"玄而又玄"，"以其昏昏、使人昭昭"的东西。在研究生期间，我尤其着迷维特根斯坦，日常语言分析学派对我的思想影响巨大，但我始终觉得，维特根斯坦的东西是很难被专题化研究的，当你把维特根斯坦"语言游戏说"写成一篇专业的哲学论文时，其实已然违背了他本人的哲学取向。至少就我个人而言，觉得这类研究是"不可为"的。另一方面，我对现实政治生活充满热情，便希望将分析哲学的思路和现实政治进行结合，于是，到了博士便开始了政治哲学研究，并且一开始就非常上手。

李子俊　您对现实生活洋溢的热情令我特别欣赏。我上次和陈嘉映老师聊天时，谈到哲学也会许导致"智识的傲慢"，这话没说完；其实，在傲慢之后，还会带来一种对世俗生活的淡漠。如今，很多年轻人依然对哲学敬而远之，但现代人身上这种"哲学病”的症候却很多。

周濂　首先,哲学家永远是极少数,他的生活方式在社会中过于奢侈,没有人有那么多的闲暇,去进行如此漫无边际的思索。哲学的目的不是让每个人都过上智性生活,而是对生活产生比较清楚的认识,达成有限的理解。其实我现在认为,从书本知识带来的“傲慢”其实是很轻飘的东西,它没有任何力量,所以这要求哲学家该有很丰富的人生阅历。

激进左翼与自由主义之争

李子俊　理解的方式有很多选择,比如自由主义和激进左翼的价值分野。您本人作为一个自由主义者,如何看待激进左翼的信念与困顿?

周濂　我对激进左翼有过两个比喻,其一是:思想的蚯蚓。蚯蚓的功能是松土,它总能在坚硬的大地上找到缝隙,这是激进左翼存在的重要意义和功能。而蚯蚓的局限在于:它不事生产,不会播种。它不会、也不想长成一棵大树,它始终是一种否定性的思维路径。还一个比喻是“泥鳅”,泥鳅的特点是抓不住,它没有思想的定见。这么说可能对他们不够公平,但在一个意义上,他们是为了反对而反对。遇到一种立场时，他们的第一反应不是考虑这种立场相对的合理性，而是寻找不合理，以“破”为主。因此当你跟他们讨论问题时，你会发现他们的立场是不断游移变动的，同时他们也并不在乎这种内在的矛盾性。这是我对激进左翼的整体观感。

李子俊　自由主义是“播种者”吗？

周濂　自由主义，尤其在启蒙运动之后，相对来说是一种建制派的力量。某种意义上，它是一根“定海神针”，它给过去三百年的历史进程标定了方向与位置。与此同时，它也作为靶子，被各种主义攻击乃至围剿，无论是共产主义、保守主义、激进左翼，还是社群主义，都是以它为论敌。但有趣的是，每一种想对自由主义取而代之的思潮，都没能真的取而代之。在这里，激进主义特别有意思的是，它也没想真的取而代之，它本身没有太强的理论雄心，用维特根斯坦的话来说就是“我破坏，我破坏，我破坏”。

李子俊　有点像哲学里的吉卜赛人。

周濂　没错。而且我还有一个批评，即他们是一群思想上的狂欢者、概念的顽童。他们很津津乐道于概念的拼图游戏，但忘了左翼一直以来的使命：对当下的社会，对底层的民众，要报以真切的关怀和同情，同时要有行动，不能安于“解释世界”而忘了“改造世界”。

李子俊　哲学的专业性在于使用概念，而哲学的症候在于概念的滥用。

周濂　一些初识哲学的人，会毫无心理障碍地使用一些“大词”。我也许是被维特根斯坦“荼毒”太深，会认为肆无忌惮地使用抽象概念恰恰是一种“哲学病”的体现。

李子俊　这种病，一是由于缺乏判断，二是由于缺乏语感。您觉得自己的语言能力如何？

周濂　像陈嘉映老师、赵汀阳老师的语言，都有很强的个人风格，这非常难得。很多哲学系的学生和老师，他们的语言是毫无个性的。在语言的使用上，我还是要继续向前辈学习。

谱系、历史与祖国

李子俊　汉语思想界是否存在一条明晰的问题线索？几代学人间是否有可见的传承关系？

周濂　有，但也是局部的。比如陈嘉映老师，他很少直接谈论政治，我和他的“传承”主要是在方法论的，在切入问题的方式和角度上有某种相似性。每个人身上其实都汲取着多方的滋养，除了陈、赵两位老师，香港的慈继伟老师给我的影响也很深，《正义的两面》我反复读了很多遍，他在概念分析上的精微辨析对我启发很大。

李子俊　在世界舞台上，中国哲学正呈现出何种真实风貌？

周濂　这是个很有趣的问题。对西方而言，中国哲学很像是“香格里拉”，他们对此兴趣盎然。这也是为什么近年来来自中国的学者——无论他讲何种意义上的中国哲学——都在西方颇受欢迎的原因。我隐隐感觉到，由于资本的力量过于强大，伴随中国硬实力的崛起，中国思想对外输出的势头将越来越强，它会深刻影响世界思想的问题聚焦。

李子俊　你本人的思想资源在多大程度上来源于祖国？

周濂　我只能说自己在生活伦理层面受到了儒家和道家的部分影响，别的部分很难说造成了何种启发。

李子俊　维特根斯坦在何种契机上对您造成了真正的启蒙？

周濂　我刚进大学时有点懵懵懂懂，没有开窍。直到上了韩水法老师的“《纯粹理性批判》解读”课，那是一门硕士生的课，但对作为本科生的我有同样的课程要求。与此同时，读到了卢梭的《论人类不平等的起源和基础》，才发现一种深入现象之后探讨政治问题的根本方式。当时我对中哲也很有兴趣，读了大量新儒家的书，但到了真正要保研的时候，觉得中哲还是太不解渴了，缺乏有效的分析方法，总是不断地给你抛各种断言。读研期间，在某一个周六，我在北大一教读赵汀阳的《论可能生活》，非常兴奋，惊叹中国还有这么优秀的哲学家。与此同时，我还在上陈嘉映老师的“海德格尔”与“哲学研究”课程。渐渐从“不得其门而入”摸到了哲学的矿脉深处。

李子俊　是一种怎样的生活状态？

周濂　狂热的书斋生活。那时会和朋友们没日没夜地讨论哲学问题，会在北大边上的小酒馆里彻夜长谈，会绕着未名湖边走边说，会去陈老师、赵老师家聊到凌晨。这是一段非常美好的回忆。

李子俊　如今，您对“公知”这个越来越走样的“帽子”是否还接受？

周濂　以前对“公知”二字会很反感，因为它最初被使用的时候带有明显的贬义色彩。但当一个语词被时间和生活磨钝时，即使是被扣帽子的人也会慢慢习惯和接受。

李子俊　权力使公知尴尬，这很容易理解，但为何一般民众对公知也有这么复杂的情绪？

周濂　父亲打儿子，同时说“这都是为你好”，儿子想了想，说：“还真是这样的”。

“变成一个虚无主义者，太容易了”

李子俊　说说近处的事。有一档挺火的访谈节目称“每个人都是带着偏见看待世界的，如果你没有带着偏见，那你对世界根本没有看待方式”——为什么我总觉得这话说了跟没说一样？

周濂　带着偏见或者成见看世界，这只是描述了一个日常现象。哲学家的不同是：他不会如此自觉地把它喊出来、坚持自己的成见，而是自觉地破除成见——哪怕我们还不自觉地带着成见。这是区别所在。

那天我正巧看了《十三邀》李诞的那一期，没看完。现在年轻人表现出的虚无主义，和我当年理解的虚无主义，不是一回事。我年轻时也是个虚无主义者，觉得遍寻意义而不得，充满了焦虑和彷徨——但毕竟还依然努力寻找。现在的年轻人是：我就不找了，我就待在那，觉得挺爽的，我以虚无为荣。

李子俊　“自从我厌倦了寻找，我就学会了找到。”

周濂　对，并且还可以贩卖虚无。以此投合大众普遍的“无意义感”的情绪，以彻底的游戏人间的态度作为自己的“logo”——这是没有希望的。李诞其实是有挣扎的，他在面对许知远时，力图表明“我曾经也是那样的”，只不过看透了这一切而已。但在言语间，他还是隐隐透现出对他放弃之物的留恋和向往。这是个“过期作废”的时代，我不认为他的“吐槽大会”会一季季办下去，因为都是套路。那种脱口秀的套路可以给你带来即时的快乐，但没有营养。他自己应该明白这一点，所以挣钱是王道，在有效期内争取最大程度的"变现"。

李子俊　说"人生不值得"这类话太过轻巧。论证、省察、反驳与重建过程被一笔带过，直接到达"彼岸与终极"，其实只限于审美层面的自我沉溺，既不高级，也不迷人。就像长辈听一个大学生说"人生不过如此"这类话，总会觉得有点不对劲。

周濂　人要变成一个虚无主义者，太容易了，没有任何技术难度的呀。批判也是如此，吐槽、"带着成见看世界"亦然——就跟拍照片摆个pose一样。哲学恰恰是要去做那些不容易的事情。

选择与放弃

李子俊　不容易的事，不是每个人都可以胜任。对初识哲学的本科生，您有什么建议？

周濂　对本科学生而言，要尽早阅读原典。人吃惯了糙粮，就品不了珍馐，看惯了"吐槽"，就欣赏不了凡尔赛宫的名画。要尽早建立起思想的品味。其次，要对自己有约束，不能信马由缰地挥霍自己的灵感，而要学会把灵感引入问题域，与学术传统接轨。我在本科时期，曾有过思想的疯魔，在阅读萨特、加缪的著作时，能感到那些思想就像长在你身上一样。你感觉自己快炸裂、满溢出来了，但又非常惶惑，怕满溢后的局面自己无法收拾。

另外，如果没有发现自己有哲学上的天赋，应该尽快地放弃。

李子俊　当这种天赋以疯魔的状态显示自身，又当如何？

周濂　哲学总与精神上的疯魔相伴，但我总觉得，无论如何都不能丧失思想的平衡。哲学要求你“打破砂锅问到底”，但成熟的哲人，都应掌握停止发问的技艺，他知道哪里是最好的平衡状态，不能再进一步追究。

这是一场豪赌，但我愿意下注

李子俊　哲学运思是否会损害对日常经验的可感？

周濂　我觉得自己已丧失写作小说的能力。哲学是特别伤害画面想像力的学问——当然有助于你的概念想像力。

另一方面，如果你读当代哲学家对社会现实问题的分析文章，你会发现很多都不及时评家有洞见。他们在专业写作上，可能会把概念体系玩得很娴熟，但你难道不觉得，那其实是没有洞见的吗？他对真实世界的洞见，甚至没有高过一个媒体评论人——这种哲学，又有什么意义呢？

李子俊　这一点我特别有感触。一些学者尽管懂得很多专业术语，但一五一十谈论起时事，写起“小品文”时，那种认识的平庸常常令我意外。

周濂　就像柏拉图说的，哲学的本性其实特别容易被败坏。每个人都觉得自己是那个未被败坏的幸运者，其实常常未必。

李子俊　最大的困惑是什么？

周濂　哎呀，困惑其实蛮多的。作为一个思考者，我发现手头可供利用的资源都不足以回应当下的困局。川普当选、英国脱欧；法国与德国虽然抵御住了右翼的崛起，但都处于风雨飘摇的状态。另一方面，中国模式的崛起好像势不可挡。“世界将向何处去”这个问题，没有了有效的回应方式。“不得其门而入”的感觉再次笼罩了我的内心，遍寻我读过的文献、史料，都不能解答我的困惑。

李子俊　有时您会不会感到，讨论国际政治远比讨论中国现实更加容易？

周濂　很大一部分来自不可言说性。《利维坦》谈的是英国，但在巴黎写就；《政府论》在本土写就，但洛克是匿名的——为什么？

我的作品，是写给普通读者，还是写给学术同行，亦或写给时间与永恒？这是一场豪赌，但我愿意下注。

吴冠军

1976—

吴冠军：激情即彻底，日常见真爱

“The fright of real tears”

李子俊　您个人的一大特色，就是极其反对“学术黑话”；一些学者尽管也对此多有不满，但都没您这般激烈——三令五申、著书立说。我想问：您如何定义“黑之为黑”？

吴冠军　首先，学术自有传统。有传统，就有共同体。当一种传统非常有力时，就会围绕它产生许多专门术语，而熟练操持这些术语，是共同体内部成员彼此进行确认的关键环节。这个现象不止于学术，比如你们年轻人玩“三国杀”、“狼人杀”，这些桌游自身就已形成一套专门术语，不玩的人根本不知道你们在说什么。而在学术中，哲学在各个学科中是历史最长的，甚至被认为是各类学科发展的源头，由它产生的“术语”自然就格外多；术语，形成了门槛与壁垒，非哲学专业的人，也自然难以入门与穿透。

哲学“术语”的好处是：第一显得你专业，“高山仰止”，别人不敢对你说三道四，于你便构成了一种“文化资本”；第二，术语使哲学脱离最初的日常场景，使它得以不断专业化，成为一门代代相传的学问。当然也由此产生了两种“做哲学”的方式，第一种是“苏格拉底式”的，从问题直接出发；第二种是“经院式”的，从哲学传统内部出发——你脑子里可能没有问题意识，但所读的书会带着你走，帮你在书本中做学问。比如你对生命本来没什么困惑，但在读康德，你可以顺着他的思路追问“我们是在何种条件下‘知道’物自体存在”等等的问题，写出诸如此类的大部头研究专著。

这两种做哲学的方式曾经是共存的，甚至是互补的，互相滋养，但后者慢慢取得了支配地位。今天苏格拉底再跑出来，你认为哲学系会聘用他吗？这样的人连论文都不会写，他去哲学系面试，对方拿一堆海德格尔或胡塞尔的概念来考问，What is “Dasein”？ What is “eidetic reduction”——不懂？那就先回去学基本功。这当然是个坏现象。当代不少哲学家，尤其是激进派的，都在试图寻找冲破这种“支配性哲学”的方法，理由是明显的，因为这会让哲学的路越走越窄。在这个支配传统里，比如，一些政治哲学学者会为罗尔斯正义理论的一个细节概念的批评意见做辩护性反驳而写上几卷本大部头学术著作，术语叠术语，却忘了罗尔斯无论写《正义论》还是《万民法》，都是有很明确的问题意识和现实指向的。

越来越多的思想家试图抗拒这种支配性哲学，一次次试着把哲学从中拉出来。但最有意思的是：哲学之所以为哲学，就在于这个概念本身。德勒兹说得很犀利，哲学家抗拒概念的手段也是用概念，又造出了新概念。但重点是，我在对抗的过程中，创造出新的分析性、批判性的概念，对原有的概念形成解构力。通过制造新术语，对抗霸权式的术语——这就是哲学嘛。哲学不是比谁嗓门大，而是要提供新的思路与视角。

在我看来，以上提及的两个传统，都要有能力驾驭，有问题意识的同时，该懂的jargon你必须懂。现在互联网上也有不少拍脑袋、动不动就宣称自己把某个问题想透的人。写出来的文章，太空大了，大家一看就知道你不读书。二者要同时抓，也并不矛盾。比如，每个人都吃喝玩乐，但你能否在玩得投入时，问问自己是什么力量使你这么投入？你看一个电影看得泪流满面，当你要拭泪时，wait a minute，你想想是什么力量使你哭？齐泽克有句话："The fright of real tears"——真实眼泪的惊骇。在日常的感受力最为充盈时，就是你哲学化上升的最佳时刻。在这样的时刻，你读的哲学书的力量就出来了，一些哲学术语冲上你的脑海，你会发现它们远比日常语言更加到位、具有穿透力。福柯和德勒兹在70年代曾有一篇对谈，其中一个观点我认为非常重要："Theory as tool kit"——理论作为工具箱。理论得用，只要在用，就是

"去黑话"过程。黑话是什么？它是不透明的晕圈，是阿甘本所说的被"神圣化"的东西。像中国的海德格尔研究就有这个问题，一个概念包裹着重重谜团，越说越玄，也不在乎对方说的是什么。

"神圣化"不止于术语，双十一时代的"物"同样体现这一点。一个"LV"包包，为什么使你尖叫？不是这个包本身，而是将它层层包裹的晕圈，让你晕头转向，目眩神迷。去神圣化的最好方法，就是"使用"它，趁手的就是好东西。许多被神圣化的哲学黑话，根本没有人在日常生活中使用它们。但自有许多人就爱这些黑话的云山雾罩效果——靠这种"zhuang-bility"整天装，好有意思啊。

这一点上，齐泽克做得非常好。拉康是1981年去世的，他去世后，关于他的学术逐渐变成一种密不透风的小共同体话语。在斯洛文尼亚拉康学派之前，这套话语的有效性在不断衰弱。齐泽克当时去法国，没准备研究拉康，但他发现自己跟女朋友吵架、看电影的时候，头脑里总是浮现拉康的概念——为什么不是别人，偏是拉康？慢慢他明白了："It works"——它管用。这也使他成为本世纪举牌的拉康主义者。无独有偶，在大洋对岸的理查德•罗蒂，也是一样。罗蒂最烦黑话，声称自己用最简单的几百个英文词就能讲哲学——他写的书清晰极了。对于罗蒂，在解决现实问题上管用的哲学，就是好哲学。

现在很多哲学家不愿面对公众，真不是清高，而是不敢。他公开讲话人家是要笑他的——你话也说不清楚，你到底在说什么？公众本来是有个问题，想听听你的想法，结果你的想法让人家感觉“What the hell？”，这就很尴尬。他只能在小圈子里，把门一关，对几个年轻学子自命大师。

哲学是一场游牧

李子俊　听您讲完这些，我想起尼采的一句话：“当他们讨论平等时，他们其实在言说欲望”。同样的，或许从没有什么“黑话”问题，实际上都是“权力”问题？

吴冠军　这一层很有意思。很多哲学家，因为科班出身，像个电工，只会操持他那套东西。当术语形成系统，系统获得信徒，这些信徒就对此结构产生依附性。有时倒不是他想获得什么“权力”，而是他只会这一套，他赖以维继的就是这些东西。而哲学要求你有背叛精神，你应游走于各个思想家之间。德勒兹有个说法，叫“游牧”，游牧的目的就在于你要不断地去领土化、去地域化，到另一个地方搞“再领土化”，弄出新的东西来，然后再出走、游牧。你在一个地方住下来，不动了，你就对它产生了依赖性，当它消逝，你就茫然失措。当有人试图批判、攻击你这些东西，你就会有被冒犯之感。为什么那么多人恨齐泽克？因为齐泽克总侵犯他们的"地盘"。好比我是研究黑格尔的，你突然冒出来——你是什么鸟？你也要谈黑格尔？哦呦，我的地盘被侵犯了——这是我的饭碗啊！你随便闯进来扔出一本新书，就仿佛是打在我胸口的一个闷棍——你讲的这一通，我又接不上口，这个是很难受的。

哲学就是游走，不断游牧。你立一个高墙，找一帮徒子徒孙自鸣得意，这个最要不得。

李子俊　"思想的游牧"，这个说法很好。您在媒体时代，看起来是"游"得颇自得的那一个。

吴冠军　守土有责、学阀式的治学要不得。但话说回来，哲学形成一个强大的学科传统，也是有它的价值，至少在今天，我们不用为哲学的"存续"而发愁。学科化尽管有很多问题，但它毕竟是一种体制性保障，通过专学系统，使哲学得以延续至今，这是好事。我们可以在其中有所作为，我们可以将精神接回"轴心时代"的开创者那里，并重新开始。巴迪欧与齐泽克一直强调"start anew"——要把思想一次次重新开端。

今天是一个深度全球化的时代，你以为巴黎的恐袭和我们没关系？都有关系。你看"双十一"，你可以选择对此充耳不闻，只管自己的黑格尔胡塞尔，但你推开窗看一看，外面整个时代的人群处于一个怎样的状态？你早已跟他们彻底无关。为什么我和蓝江老师、夏莹老师要搞一个“激进阵线联萌”？因为哲学它有意思呀，也很“萌”、有冲力呀。我们要让年轻人看到哲学原来是这样有活力。我讲桌游、讲美剧、评论社会现象，好像是赶时髦，可这不正是我们的时代吗？我有时候和政治哲学的同行开会，你都不知道他是活在哪个时代的人，有一次一个老师说：“机器人跟我有什么关系呀？我们政治哲学是讨论人和人的关系呀！”——他真就这样只关心别人给他划定好的研究领域。罗尔斯可以不关心人工智能，你能不关心吗？你还不关心，这个时代就会把你变得非常可笑。

对学生也是这样，你要给他们有滋有味的好东西，不能一上来就用一堆没法嚼的生硬东西坏了他们对知识的好胃口。我曾说：“知识消费”浪潮的兴起，大学老师是有责任的。因为你们提供不了好东西，人家才来搞知识付费。有次我跟罗振宇老师说：“知识付费”其实并不是一个新浪潮——九年义务制后的高等教育本来就是付费的。“得到”、“喜马拉雅”的成功，是因为大学老师不好好工作。大学老师讲的东西，完全脱节于当代人现实生活所面对的状况，学生提不起兴趣，你有什么脸面让人家付学费呢？所以这笔钱还不如给罗胖，罗胖在乎你，尤其在乎你的“知识焦虑”，他绝不塞给你知识，而是特别认真地提供给你可以用得上的知识。周濂老师最近在喜马拉雅开的哲学音频课，介绍语里讲“为什么女友要去逛街，男友偏要去打王者荣耀？”他为什么这么说？因为这样人家才会感兴趣、才会付费——哲学没用我学它干什么？一旦走出校门，你就发现传授知识根本不能自言自语，必须和世界发生关系，原来大学老师那种旧有授课方式，马上就变得滑稽之极，甚至，无理之极。

“知识消费”浪潮的兴起，大学要负责任

李子俊　您刚有句话当这次采访的“标题党”很好——“知识消费”浪潮的兴起，大学要负责任。

吴冠军　其实，对于“知识消费”浪潮里的推浪者，如罗振宇，我真的相当尊重，我曾经在一个讲座中说，罗胖身上具备一个能做大事之人的所有关键素质，唯一缺点是把“得到”的成功进行片面商业包装——“得到”成功固然有罗胖、脱不花这些最出色的精英人士操盘，但更关键的一个因素是，这个时代在配合你，大学无数老师在配合你。我曾当面和他说，试想一下，现在大学如果取消掉文

凭，或者“得到”给的文凭和大学文凭有同样的“符号性效力”的话，还有多少人上大学呀？说句实在的话，纯粹从汲取知识角度来说，上“得到”绝对比上985大学学得更多，学得更好！要羞愧的是我们，大学老师。我前两天给上海市高校的新老师上岗培训时也特别说到，你们踏上岗位之前，现在要想清楚，如果自己就只一心发论文、评职称，上课匆匆拎包来走个过场，既没有心思认真备课，下边的学生你也根本没有兴趣产生互动，你真的就别选择做大学老师，大学就毁在这种人手里。

回到哲学。有时我们喜欢这样自我安慰，说哲学不教你“有用的东西”，但是锻炼了你的思维能力。在当今这个世界，你还好意思这样说吗？知识、观念、话语体系，以更快的速度在运转，恰恰只有哲学，可以有效地插入这种运转中，逼迫它“慢”下来，把掩盖的东西说清楚。我有时开讲座，不讲哲学有什么“无用之用”，而是要身体力行地告诉你——它就是很有用的。你可以用它思考物联网、共享经济、区块链、人工智能，等等。你看蓝江老师，他最近在写一篇关于“数字资本主义”的文章，我觉得很好啊，这就是一种哲学介入时代的方式。我们如果不参与，哲学界就失语了。像你这样活跃的年轻人应该知道，如果我们几个老师不发声，哲学这一块是失声的，话语权就全在当代“数字精英”那里了。上海图书馆邀请我今年十二月三十号做一个年终盘点的演讲,我说好,正好和罗振宇次日同样在上海做的跨年演讲PK,为"时间的朋友"们提供哲学界的声音。哲学家要站在舞台上,聊聊我们对时代的"号脉"。

最近我评论阿里巴巴"双十一"的视频节目,阿里朋友告诉我他们高层也在看。齐泽克就是这样,他可以将话语倒逼至好莱坞导演那里——导演拍了自己最满意的片子,一定要看齐泽克的影评,不然会觉得缺少了什么,很不过瘾。这才是真正介入大众文化。这就是"精神分析":你拍了一部电影,你"本能"觉得这么拍会很赞,却还是朦朦胧胧,不知道具体好在哪里,完全"无意识",直到听完齐泽克的分析,你才恍然大悟——原来我是这样在拍电影,原来我还有这样的深度。通过分析师你才获得更深的自我理解。

致敬:Gloria与齐泽克

李子俊　可以看出,齐泽克对您影响极深。您是怎样和他相遇的?回溯往日,您又是如何投身哲学的?

吴冠军　我比较曲折。在大学时,我学的是行政管理,毕业后做过互联网公司,做公司的过程中愈发感觉自己

"身在曹营心在汉"——生命中的满足感不来自商业，而是来自晚上一个人看书时，用各种理论工具来思考面前的问题。人生就是如此，你不要怕走弯路，一路科班走下来，顺风顺水读哲学，未必是好事。这样一路读学位读上来成为学者，其实说得难听点："too easy"，因为你没有其他尝试，没有真正"make choice"。

后来我清楚地知道：商人不适合我。商业，要求你必须会讲故事、吹愿景、添油加醋，即使你心里没底也得这样。经济就是如此，它不会慢慢衰退，人家如果看出你没底，就立马撤资，你就瞬间雪崩。你看乐视，他们两个月前还搞得很大，忽然之间工资就发不出了。乐视是扳不回来局面了，因为所有人都不会给他机会了。这就是商业。那些年我也愈发明白，我无法看着别人的眼睛——即使自己没底——告诉他"这样是对的"。

整个现代性所缺乏的，就是哈贝马斯所指出的：真诚。之后我去澳洲留学，因为澳大利亚八大名校之一的Monash University给了我一笔全额奖学金，我觉得挺好。很多人认为，澳大利亚处于英语学界的边缘，当时我也这样认为。后来我发现，不是这样，你不要以为世界是平的，澳大利亚恰恰由于自己的边缘处境，所以总想着要变革、充满张力，很多前沿的思想话语，都在此汇合——福柯、德勒兹、巴迪欧，他们是怎么进入英语世界的？全都是通过澳洲进入。澳洲没有“端着”的感觉，有新思想出来，可以很快接受。相形之下，美国的哲学其实非常经院。当年美国愿意和欧陆产生对话的学者，全都被排挤出哲学系，著名的就是罗蒂——你罗蒂没事跟福柯对什么话？福柯那东西叫哲学吗？——罗蒂一气之下，顿足而走，离开哲学系到人文学院教书去了。罗蒂是背叛哲学大本营且最终获得成功的一个，如果不成功呢？就没你这个人了。德里达当年去美国访学都只能去比较文学系，哲学系的大门都不给进，因为如果承认你讲的这些算哲学，那我们这些老古董还算什么？守土意识，总会变成个人仇恨。我的书出版，齐泽克告诉我他要写段话，这当然让我很惊喜，但他又笑着说：这可能带给你麻烦。因为他敌人太多了，把他的话放在我的书后，他的敌人也都变为我的敌人了。齐泽克到处游牧，别人像躲避瘟疫一样躲避他。

我到澳洲后，认识了我的导师Gloria Davies，这真是我的幸运，生命中一个大“得”。儒家说天地君亲师，回过去看我的人生很弯曲，但在亲和师上，我是世界上最幸运的那么一小撮中的一小撮——实则每个老师，都成了我心目中的亲人。在跟着Gloria做研究过程中，我首次深入触到齐泽克。那时才真正感受到学术进入生命的快感——你研究的不是概念，而是看到概念在生活中起舞。当一个思想家的概念在你的生活中飞舞时,你才发现了对思想的真爱。我在《激活你的日常》新书发布会上说,这本书远远不只是我写的,其中有无数滋养过我的人,在通过我的笔一起说话。所以你才知道学术的抄袭是多么可恨——你明明有那么多的思想来源,却把他们的名字擦掉,变成你自己的。正如拉图尔所说,个人只是网络中的一点,我的行动不是我的,而是很多力量通过我形成的合力。巴特和福柯说"作者之死"是对的:死,不是作品真的彻底没有作者,而是作者在创作时就要明白,是什么成就了他。我就不点名了,当下学界的一些人,喜欢摆弄神神鬼鬼的名词,从不交代自己的思想来源——这就是知识的不真诚。"你要的是崇拜,不是谁的爱"——这怎么可以呢?

我们的这次访谈,就可以视作我对我的老师Gloria和对齐泽克的一次致敬。

批判·遭遇·污浊化

李子俊　北大有位老前辈,他说自己不介入大众媒体的原因很简单:受不了别人骂他。三百五十年前,克伦威尔受群众拥戴欢呼时,对身边知己低声说:等我上了绞刑架,他们也照样欢呼。

结果证明,克伦威尔的预判是对的。在很多精英看来,大众是麻木、健忘、愚昧、畏威而不怀德的一群人。对他们,你只能利用,不能为伍。您很有勇气,努力使哲学介入公众,但在此过程中,也少不了被泼脏水吧?如何避免被众人反噬?您又是如何化解的?

吴冠军　我举个身边的例子——高晓松。他的家庭背景、自身的知识结构都很好,他是一个很用心的人,对知识有一种发自内心的爱。当他渐渐进入公众,忽然发现,公众、网络里有那么多不友好、非理性的声音,我相信他一定曾为此痛苦过。而他的助手给他支了一招:不要抗拒,学会自嘲。他突破了这个关隘,就是学会了自嘲,还不等别人黑他,他自己提前说,“我是矮大紧”,人家一看你都这么说自己了,也不好意思再黑你了。柏拉图有个词很好,叫“下降”,哲人下降到城邦。当你自恃清高、端着的时候,谁愿意看你臭脸呢?你能够像苏格拉底一样,拉住一个路人,好好谈论一个问题吗?当高晓松抛去这个包袱,他的人设、节目,一下子就很受欢迎。施特劳斯学派总爱用一个词:“庸众”。想想看,你用这种词说别人的时候,别人将怎么看你?单向街的许知远老师遇到的,不就是这个问题吗?你觉得自己是知识分子,觉得这个时代浅薄,九零后都完了——九零后马上回答,你才完了呢,七零后去死吧。这样大家就都没话说了。

知识分子与公众有两种关系方式，一种是“judgmental”，做判断——这时代物欲横流，很糟糕，我要唱挽歌；另一种我称之为“analytical-critical”，分析性与批判性的——我进入公众，但不是审判你，说你们糟糕、我好；而是拿出我的分析，真诚地告诉你我的看法。你觉得我说的有道理，可以来听。你觉得我对为什么你会这么迷鹿晗的分析没有分量，那你可以继续去迷鹿晗呀，但我有信心，肯定会有一部分鹿晗的粉丝，被我带到哲学上来，觉得哲学分析比鹿晗崇拜过瘾得多。这就是一种很积极的力量。

许知远说公众浅薄，不读莎士比亚，你可以邀请他来读呀；他没兴趣，你可以讲一段《三体》再讲一段莎士比亚呀——关键是你愿不愿意这样做，或者是有没有能力把它说好？你说“奇葩说”的辩论很无聊，那你作为知识分子，也可以上去辩一段，让观众自己判断呀。你说观众是非理性的、受那些一把鼻涕一把泪的奇葩辩手左右，但你想过没有：真实的世界就是充满非理性煽动的。鼻涕眼泪从来便是一种有效的说服方式，你对它不满，那问题在于，你能否采取理性分析的方式，在同一平台拆穿它？——对公众，要邀请，不要拒斥。

李子俊　从一个群体到另一个群体，还有一种风险是：猪八戒照镜子，里外不是人。从学界进入公众的人很多，但绝大多数都遭受着不同程度的学界的鄙夷。当下的学界是否足够包容，对您的“背叛”，是否有过敌意？

吴冠军　一开始做“激进阵线联萌”时，我们确实很紧张。但现在我可以很公开地说：我们得到了很多学界前辈的支持。很多老一辈学者，可能没有精力与渠道做这些事，但他们很乐见新一代学者出来打通与公众的联系，因为他们对此现状也是不满的。任何一个真正有关怀的哲人，都不会满足于哲学系那一点事情。

当然，可能会有一些其他声音，说你们凭什么与众不同？这都是正常的。当你变成了一个“网红教授”，你要想一想，自己是否仅仅是“网红”？如果你的学术发表非常强硬，学问很棒，那你在介入公众时，完全会收获另一种评价。今天有不少学者，学问做不出来，然后绞尽脑汁走“网红”路线、做综艺节目主持人，人家一看，你十几年没发表过论文，却顶着个自己工作的学校头衔，在外混吃混喝。这种人怎么会受到学界尊重？如果周濂老师没有自己十分过硬的学术发表，仅在线上做喜马拉雅网红哲学课，当然会被人看不起。如果我没有大部头的研究著作放在那里，没有一篇又一篇倾注心血的学术论文不断出来，人家当然会毫不客气把你归到前面说的那一类综艺教授里去了。“激萌”的几位老师对此达成过一个共识：既然出来做事了，就要更加勤勉、更要发表论文，要让学界知道我们是多么用心。

同时,我写的文章,从来都是先发表在学术刊物上,再由公共媒体转载。我要让公众知道:这就是学术,不是逗你玩的。我写“权力的游戏”、写“西部世界”、写桌游——这么写学术文章的人,学界并不多;我这样写,也是在挑战学术规则本身。我最近给《政治学研究》一篇分析人工智能的文章,里面却有一大段分析“西游记”与“封神演义”,另一大段分析“西部世界”以及“异形:契约”。这个政治学领域的权威学术刊物,应该是从来没有收到过如此跨学科的文章。我的信心在于,只要编辑部有足够开放的眼光把文章放入审稿程序,送出去外审,我相信就会返回各种积极的意见来,因为学术质量在今天,很大程度上仍是可以公度的,什么是有价值有分量的学术作品,学界是知道的。这也是到今天为止,齐泽克为何没被那么多敌人“打死”的原因——他确实有学问、确实厉害。有些人不屑于与他为伍,但却偷偷在读他的书,心里还是佩服他的。学界多的是谈不到一块去甚至公开表示裂道而行、但关起门来心里对彼此怀有敬意的论敌。拉克劳与齐泽克后来公开撕成这样,但他们内心对对方有多少分量是完全有数的。在国内学界我有几位研究施特劳斯政治哲学的朋友经常撕我,但我们彼此内心充满敬重。

当然，公众是完全另一种话语圈，很多学者宁愿和学者斗狠互搏，也不愿意直接面对公众发言和写作。今天百度搜索“吴冠军”，下边出来的关联词是：“吴冠军 泡妞”、“吴冠军 女学生”、“吴冠军 结婚了吗”这一类——很奇怪吧？我们确实要很小心，你介入公众，一定就会面对这种情况，但你得有所准备；没有准备，一定会受伤的。不要被这些声音打倒。

李子俊　其实这种介入，更接近哲学真实的存在方式。

吴冠军　特别好。齐泽克有个词叫“遭遇”——哲学就是由遭遇构成的。你之前没准备，但忽然遇见一个人、一件事，他的言行举止与价值观是你之前没见过的，甚至是你厌恶的——这时你怎么办？马云有“功守道”，他的首富地位使得别人甘愿“败”给他，给他“捧”场。哲学家此时怎么“攻守”？你可以“掉书袋”，但会发现无效，你原先的话语方式是自说自话的。并且你的“教授”地位并不能让别人有意愿来“让”着你、“捧”着你，他们还会嘲笑你是“叫兽”——所以你就紧张了，找不到感觉了，学者们不愿“下降”到城邦，不愿意再做苏格拉底。而施特劳斯派也一直用苏格拉底作为反面教材，警告哲人要保护自己，远离公众。

激进左翼

李子俊　“激进阵线联萌”，自带“激进”二字——这本身就是一种价值偏好。一种偏好，又如何做到不“排他”？那些在本时代固守自我，甚至显得“可笑”的人，就没有自己的存在价值了吗？这似乎也不符合哲学的本意吧？

吴冠军　你切入的这个点非常好。如果今天讲“左翼”，你会从这个词出发，产生一大堆联想。“激进”也是如此。到底什么是激进？夏莹老师有个观点：激进就是彻底。

很多时候，你明明可以做出更进一步的追问，但你停止了；你明明可以对一件事有所批判，但你满足了；你明明可以介入这个时代，但你逃避了——这是我们不愿意看到的。这个意义上的“激进”，其实非但不“排他”，而且还是“邀请性的”——邀请从各个角度出发的对社会的介入。为什么“激进”对我们重要？福柯讲“启蒙”有两种层面，一种是“规范性”的——符合理性、道德原则等一组规范性价值的启蒙；另一种是“attitude”，是一种态度，一种对现状永远的不满、永远的批判。

“激进”是一种彻底的追问。在这个意义上讲，激进也是一种“attitude”，它没有排他的、具体的内涵。有次我和周濂老师对话，他问：自由主义和激进有什么区别？我说很简单，当自由主义者觉得现状已经很不错了，满足那一组规范性价值的时候，我们还不满足。福山说“历史的终结”，科耶夫说“历史的马达已经关掉了”——因为他们觉得人类该有的都有了，该说的都已经说了，剩下的都是小打小闹、小修小补了。在这个意义上，齐泽克说“福山必须被打倒”。我对周老师说：周兄，当你觉得不错时，我还得继续往前走。他也很幽默，想了想说：我没有不让你往前走呀，你快走，你快走（笑）——这就是我们的区别，但我们一直都在走。

李子俊　您前面几次提到的列奥·施特劳斯，对“激进”似乎有不同看法。激进作为态度是可取的，但它一旦变为现实力量，往往会与政权形成紧张关系。他的《迫害与写作艺术》这本书，书名就很能说明问题。激进，在纯粹彻底性的要求下，也是“玩命”吧？

吴冠军　施特劳斯是我很喜欢的一位政治哲学家。他的很多看法极有洞见。刚才我说到“下降”，施特劳斯的意见就是，结果苏格拉底下降一次就死了，“庸众”不会理解哲人，于是我们只能用“高贵的谎言”糊弄他一下，保住自己的性命。

今天的时代很不同：你越怕，就越逃不掉。你不要下降，可是高处在哪呢？像齐泽克一样，你只能借力打力。阿甘本有个词很有趣，叫“profanation”——污浊化。你要敢于污浊化。很多事物都自命神圣，你要使其污浊。

哲学其实也是。你为什么会被人干掉？因为你自视唯一真理。柏拉图学派骨子里是自命清高的，他们认为智性上人和人没有平等可言。今天这种态度是不可取的，我们先诚实面对问题本身，少一点精英意识。这样不算是“玩命”吧？

这个时代主流媒体所追逐的那些“牛人”，在哲人眼里一点都不“牛”，甚至毒性很大。这是无可避免的。我的建议是，你先不要从云端发声，宣布这个时代已经没救了，而是污浊化自己一下，也到这些人同一平台上，用你的分析把各种话语背后的毒性剖析出来，让别人看到哲人的“真牛”。这个时代，“赞”是要别人给的，不能自己或小圈子自我贴金。哲学当然要有自己的尊严，但我想说的是，这个尊严不应该在起点处就“自带”、我比你高一头，而是在终点处收获。前者实际上跟富二代思维无异，后者才是真正对哲学怀有尊重与信心。

哲学是充满激烈的绚烂

李子俊　一个老问题，但却是个重要问题。您现在最大的困惑是什么？

吴冠军　你的问题都很好，我们回到人生谈吧。我现在就觉得,有很多事想做——刚才和你吃饭,感觉你22岁真是美好——可如今,我想做的事和肉体所能给予的支撑,发生了矛盾,且越来越剧烈,每天像打仗。

我们"激萌"的几个老师,实际上在做一种"拓荒"工作。以前你可以直接做一个哲人,但你今天首先得是个学者。所以我勤力发论文、给学校争取"人才计划",这不是我俗,而是这些恰恰是我做其他事的前提,所以等于在做两件事。这时,你会明显感受到生命的"天花板"在那,总共你就这么些可支配的精力,我又是做了就要样样做到精做到好的人,真的会感受到真切的生命性限制。我对此能做的,就是割舍,挑对这个时代最有意义的事做。

我能感觉到,自己在为哲学这个古老行当的后来者打拼,这是幸福的。我想告诉他们:哲学不是一块腐气熏天的老古董,不是云端上摸不着够不到的玄机,它确实有用,对这个时代有用,对你自己的生命有用,能使你的生命变得丰满、变得精彩,变得充满激烈的绚烂。

为诗即是为度 · 诗歌

在诗歌提供的镜子里，哲学总能照出自己陌生的容貌。

哲学抵达的边界，在诗歌中并不罕见，而在界碑上留下的诗行，却往往被哲人轻视：那更多是一番激情的遗迹，缺乏智识与存在的印象。

这种偏见，常常使哲人陷入更大的困顿——抽象一旦成为习惯，就会使抽象者在具体中显得陈腐可笑。伏尔泰不在情人面前穷理，因为爱情美满，本身就是他穷理过程的一环。

从心智的历史上看，诗意与哲理一样古老，但区别在于：哲思接纳衰朽，诗心必须年轻。年轻时常犯错，于是需要诗学提供规范、标定品级。海德格尔称“为诗即是为度”——诗之为度，便与哲学同源。

除去情感传达，诗人的重要技艺在于本质直观——既熟知事物“是其所是”的故事，也深明由故事彼此遭遇、偶合而出的寓言。写诗并非宣泄，唯有通过经验与认识的两度试炼，才会产生真正意义的抒情。

本辑选定的诗人，都满足以下标准：听闻过存在的故事，在哲学中有过一番苦炼；在抽象与具体、形而上与形而下、事实与事物间，拥有良好的平衡感；诗意具备超越性——与本时代泛滥的“诗意”相比，这种超越性不是多与少的区别，而是有与无的分野。

特别附上诗人黄梵的《新诗五十条》，这是一篇罕见且充满睿智的诗论，也是本辑选择诗歌作为第二部分的重要原因。如果哲学与诗歌间存在“中间人”的话，黄梵一定是位称职的人选。

附：

新诗五十条

黄梵

我只写下答案，而问题由你们寻找。

——题记

1

民主正成为新诗的一种形式，成为新诗之轻的一种标志。

2

意义不是诗歌要达到的领地，只是加强感觉的一种方法。

3

无视佳作的存在，不过是在应和心中的无神论。

4

感觉就像观念一样不可信，我们常常面临这样的问题：观念确实能改变感觉。

5

不要夸大新诗的抒情作用，自从我们失去美德，已更容易变得封建和伤感。

6

现代主义只有从思想降格为方法，新诗才会变得更加出色。

7

用一首诗维护一个意象，比用一首诗维护许多意象要好。

8

作品其实是集体的产物，正是诗歌的历史，让个人变成集体。

9

只有伟大的诗人才能驾驭俗气，才敢从事研究民族生活的冒险。

10

诗歌的纯粹，恰恰得益不纯粹。

11

梦不是创造，只是一种现实，为了防止损害想象，诗人需要适度抑制它。

12

不用担心诗歌的死活，它的历史从来是由暂时的遗忘写就。

13

不要相信比喻暗示的意义，而要相信比喻触动的感觉。

14

诗歌研究常迫使人们去注意意图，但诗歌的立身之道不在理解，而在激发。

15

新的方法产生新的诗歌；不过好诗与坏诗的比例，从古至今没有改变。

16

一个不体验失败的诗人，难以固守什么精神。

17

修辞和技巧，无法弥补一个诗人在道德上的缺陷。当然，要诠释道德，必须既勇敢又智慧。

18

我欣赏自我怀疑的诗人，他往往会高估自己的不足，这样他会用一生尊重诗歌的自发性。

19

越担心作品没有价值，越能丰富自己。

20

一个诗人的无能为力，恰恰势不可挡。

21

什么是史诗？史诗作为一种境界，早已融入我们的生活。

22

叙事与抒情并非泾渭分明，事实上，它们是同一事物的两面。

23

风格隶属于主题，而不是相反。

24

二流诗人自鸣语言之美、意象之奇，一流诗人忧心语言不足、形象不准。

25

与朋友谈论自己的诗作，是一种慷慨的义举。

26

复杂的威胁在于消灭交流；简单的危害在于毁灭探索。

27

年轻是新诗的一种病，一旦患过，就会终生免疫。

28

成功不是诗人的祖国，诗人只对失败负有义务。

29

完美的诗歌具有适应性，能适应不同的时代。唯美的诗歌，只会找到欣赏它的精湛的个别时代。

30

个人经验并不隶属个人，它既是共同经验的个人解读，也是往昔经验的重新唤醒。

31

误解传统比模仿传统要好，追求正确只会限制新诗。

32

诗意不来自世界，而来自诗人的注视。

33

永恒是诗歌造就的客观事物，没有诗歌，这些事物就不会出现。

34

好诗中的自由，要少于坏诗中的自由；好诗中的逻辑，要多于坏诗中的逻辑。

35

诗歌是不唱的歌曲，不是歌词求助歌曲，是歌词恢复歌曲。

36

语言也有属于自己的杂念，稍不留神，语言也会对垃圾推波助澜。

37

词中有肉体，不一定有灵魂；有头脑，不一定有情感；有形象，不一定有触动。

38

诗歌的本质，就是文明的本质；在保有尊严的同时，使人对预言、可能不再大惊小怪。

39

我不信任晦涩的诗，但信任难懂的诗；不信任诗人神话，但信任诗歌神话。

40

偏见是一种意志。一种编造谎言的意志。

41

新诗与批评尚无法相互理解，而理解调动的常常是宣言。

42

新诗的历史，就是企图建立现代国家的精神挣扎史。白话小说尚无法真正领略其中的力道。

43

诗人不需要对观点的忠诚，但需要对自己的忠诚；不过忠于自己，并非等于屈从自己的无知或缺陷。

44

道德不是体制的围墙，相反，它为我们保存着解放的力量。

45

唤起读者共鸣，不该令诗人感到羞愧，要感谢读者重新陈述了诗歌。

46

糟糕的诗，问题不出在灵感，出在糟糕的判断。

47

好的诗歌研究，是一种脱离法则、但令人臣服的谦逊。

48

今天，技巧已不再是对一个诗人真诚的考验，技巧已可能拥有造假的激情。

49

写诗的不一定与诗有关，不写诗的不一定与诗无关。

50

我们对新诗依旧一无所知，已有的所谓认识，仍不过是说服他人的冲动或愿望。

欧阳江河

1956—

八大山人画鱼

鱼，游出词的骨头
在阳光的垂直照耀下

迷幻地待了一小会
然后，游回词的无处安身

鱼以词的身体，在地上
活蹦乱跳，它刚刚离水

八大山人想吃鱼
但山中无鱼，只好画鱼

渔夫觉得不像
抓了条活鱼放进画里

一条真身入画的鱼
反而更不像了

鱼像了词，像了别的东西
不再是它自己

在词的身上，鱼不过是
词的无处安身
从水的抽象游入博物馆

鱼也忘记了渔夫
且在阳光中待得太久

致鲁米

托钵僧行囊里的穷乡僻壤,
在闹市中心的广场上,
兜底抖了出来。
这凭空抖出的亿万财富,
仅剩一枚攥紧的硬币。
他揭下头上那顶睡枭般的毡帽,
讨来的饭越多,胃里的尘土也越多。
胃飞了起来,漫天都是饥饿天使。
一小片从词语掰下的东西,
还来不及烤成面包,就已成神迹。
请不以吃什么,请以不吃什么
去理解饥饿的尊贵吧。
(一条烤熟的鱼会说水的语言。)
托钵僧敬水为神,破浪来到中国,
把一只空碗和一付空肠子
从文具到农具,递到我手上。
人呵,成为你所不是的那人,

给出你所没有的礼物。
一小块耕地缩小了沙漠之大。
我还不是农夫，但正在变成农夫。
劳作，放下了思想。
这一锄头挖下去，
伤及苏菲的地理和动脉，
再也捂不住雷霆滚滚的石油。
多少个草原帝国开始碎骨，
然后玉米开始生长，沙漠退去。
阿拉伯王子需要一丝羞愧检点自己，
小亚细亚需要一丝尊严变得更小，
女神需要一丝愤怒保持平静。
这一锄头挖下去并非都是收获，
（没有必要丰收，够吃就行了。）
而深挖之下，地球已被挖穿，
天空从光的洞穴逃离，
星象如一个盲人盯着歌声的脸。
词正本清源，黄金跪地不起。
物更仁慈了，即使造物的小小罪过
包容了物欲这个更大的罪过。
极善，从不考虑普通的善，

也不在乎伪善的回眸一笑。

因为在神圣的乞讨面前,

托钵僧已从人群消失。

没了他, 众人手上的碗皆是空的。

王家新

1957—

旁注之诗（组诗选节）

“毁掉你的手稿，但是，

保留你因为烦闷和无助而写在页边的批注”

——曼德尔施塔姆

阿赫玛托娃

那在 1941 年夏天逼近你房子上空的火星，

我在 2016 年的冬天才看见了它。

灾难已过去了吗？我不知道。

当我们拉开距离，现实才置于眼前。

米沃什

一只野兔在车灯前逃窜，

它只是顺着那道强光向前逃窜；

看看吧，如果我需要哲学，
我需要的，是那种
能够帮助一只小野兔的哲学。

献给米沃什，献给希尼

很怪，因为奥斯维辛，
我才想起了我从小进县城时
第一次看到的铁路枕木，
（现在则是水泥墩了）
它们在重压之下并没有发出呻吟，
而是流出了粘稠的焦油——
在那个盛大的、到处揪斗人的夏天。

茨维塔耶娃

你死于远离莫斯科的小城叶拉布加，
可是你仍在捷克的山谷间游荡。
你的诗，鸟儿也会背诵。

而现在，你累了，你想坐下来抽一支烟，
你能否找到一个可以借火的人？

但丁

不是你长着一副鹰勾鼻子，
是鹰的利爪，一直在你的眉头下催促。

维特根斯坦

在何种程度上石头会痛苦
在何种程度上我们可以说到一块石头疼痛
但是火星难道不是一个痛苦的星球吗
火星的石头疼痛的时候
你在它的下面可以安闲地散步吗

读《古拉格群岛》

有些东西没有写出来之前，
谁也不会相信。
现在，我与你谈话，我们边走边谈，
中间隔着的也不再是篱笆
而是一道铁蒺藜。

辛波斯卡

她死后留下有一百多个抽屉：
她使用过的各种物品，
收集的明信片，打火机（她抽烟）
手稿，针线包，诺亚方舟模型，
护照，项链，诺奖获奖证书，
但是有一个拉开是空的。

雪莱

你宣称“诗人是立法者”，可事实上
他们都生活在词语的集中营里，
大铁门楣上高悬着：“劳动光荣”。

里尔克

你的墓志铭据说有八种解释，
但你渴望的却是一枝无人之玫瑰。
仅仅一枝，作为一生之酬劳。

微依

在弯下的蒙霜枝条之间
重负与神恩
在写作的压力与明亮之间
重负与神恩
当你与我终得以抱头痛哭时

重负与神恩

但是，在一头被宰杀的牛最后哀求的目光中

才有着你所说的

重负与神恩

本雅明

死于逃亡路上，死于边境。

死于比利牛斯山下。

死于无法翻译。

而在你死后，一个犹太人

被草草埋入天主教墓地。

简陋的墓碑上，

瓦尔特·本雅明被写成了：

“本雅明·瓦尔特”。

当地人说，他们只能有这样的名字。

海德格尔

你的黑色笔记本最终证实了：
一个人忠实的，不是他在
高山疗养地写下的哲学，
而是他自己的血。

艾略特

四月是残酷的月份，
八月也是。
多少年了，你仍守着你那干涸的
乱石堆中的田地，
并等待着雨。
可是你的后人们，都做了游牧者。

博纳富瓦

我们知道王维的动与静,
但什么是“杜弗的动与静”?
杜弗的动与静,是在
石头、雪和火灾的边界上
拉出的一张弓。

列维纳斯

是什么打开了我的记忆?一张脸。
是什么在对我说话?脸。
是什么又“缩回”到自身之内?脸。
是什么让我从一种语言进入另一种?脸。
是什么使我们想哭?脸。
是什么最终会俯在我们的脸上?
一张我们已无法看到的脸。

巴赫《赋格的艺术》

在这令人痛苦的世界上，

我们指责不该有这样超脱的艺术；

可我仍忍不住去听，

当我几乎是含着泪，缓缓驶过

垃圾成山、孩子们痴呆相望的城乡结合部，

进入我贫寒而广阔的国度。

陈 东 东

1961—

树下

树下我遇到滋润先生
梳分头先生，穿礼服先生
我遇到正待操琴的先生

何为悲痛？在遥远尽头

我遇到灼烤龟背先生
瞒过一妻一妾先生

悲痛是大麦、稻米和包谷之泪

树下我听古歌一曲
落发纷纷一曲
岩石制造黄昏的一曲
树下所有的龟背干裂
我的气候海洋变红

人们朝着粮仓围拢，粮仓饲养
悲痛的鸟儿

树下我遇到诗歌先生
谈情说爱先生
树下我听蛙鸣之歌
礼服甩在草间
赤膊先生砸向了池塘

树下我遇到词语溅起星空的先生

新疆

这样的一天。他感到
夕阳沦落依然汲引已逝的清晨
净水杯里，世界之初一动不动

如果，他心想，没有谁在意
行星自我轮回的曲面
那也就没有谁重返往昔

推开窗他看见
楼下的市场街通向郊区，直到
纯粹光芒纯粹幽暗的无视之地

世界之初依然轰鸣然而寂静
于是他返身拿过那杯水
愿意用每个未来的这样一天

换取第一次唤起新疆之前的此刻

车前子

1963—

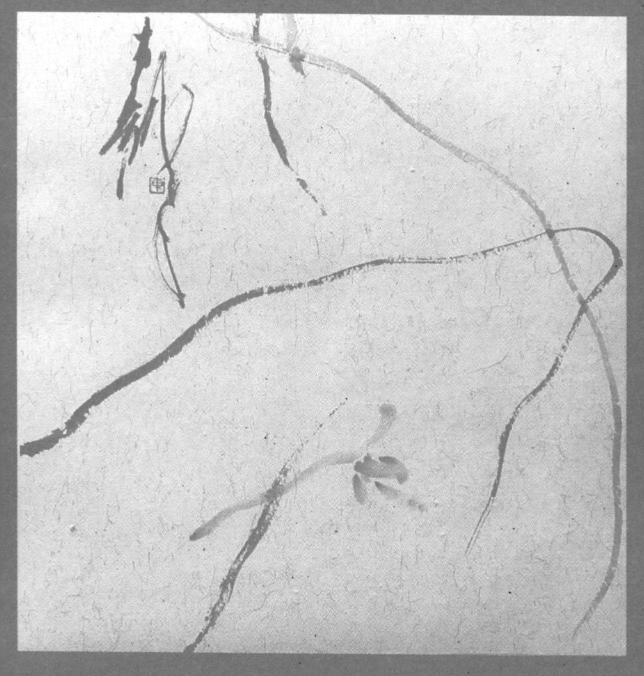

一份除草剂说明书

一棵白菜要两条青虫，一棵好白菜，
要更多。又是一个寒天，

石膏像冒雪回到村口，
混淆空气中的白色。

地窖：贴身穿着婚纱的白菜，
外套青绿，在修邮差墓园，

（一封信可以激活他们，
但没有一封信会拜访夹杂肉摊中间的教皇。

……两条青虫再次命名、纠缠，
动物美学肉滋滋声效，

益处获利于有害，
披肩长发热爱除草剂，领袖热爱中国。

万物

我要她,
为自己的水,
负责。

每条河里,
都有一块,
像天鹅绒,
长着黑毛。

(饮食可怕, 而起
居规
律, 每份贺
礼, 你, 日
月。

山川灵气, 是万物有钱,
能把全人类买下。

黄梵

1963—

问题的核心

棕色的东西

其实是蓝色的

黄色的爱情

其实白得单纯

红色的杀戮

其实是黑色的背叛

有些缓慢

其实刺刀一样冲动

亮得耀眼的

其实灰得惭愧

夸耀你的

其实是蓄意的省略

喷薄而出的英雄

其实是委身者

成就其实

是累了的被拒绝

我和你

虽然不同

其实一样要面临结束

老诗人画像

你不喝酒了，你曾喝醉回不了家
醉了的脸，就像一颗脱落的纽扣
需要一只手来找它

你不跳舞了，你曾跳得不想回家
舞动的身体里，仿佛有一根弹簧
要减缓世故的冲撞

你不恋爱了，你曾恋得失去方向
爱情像风中的叶子
总是渴望新的抚摸

你不开车了，你曾整天搬运风景
是车的咳嗽，让你知道
天空的肺正在腐烂

你不踢球了，你曾想把一个王朝踢进网中

但球始终躲开，仿佛让球门空着
才是球最大的心愿

现在，你像书房的椅子
把树的历史藏得很深
甚至忘了，曾经与失明的蚯蚓为伴

杨 小 滨

1963—

辩证怪物主义者轶事

爬在蛋壳外，不免想起
蛋壳里的那些琐事。比如，
给看门人喂糖，一边暗地里
给他们身上的跳蚤起绰号。

蛋已经碎了很久了，怎么还会
有看门人呢？要不你也试试
把蛋白搅成巨浪滔天，
可又有谁理会呢？呸！

总以为有一层膜可以舔破
到头来，刮伤的反倒是自己的舌头。
不信吗？那你还不如躲在蛋黄里
继续修理睁不开的眼睛。

洗澡课

脱到一半，你还不能说
自己是所有人中间最干净的。

那能不能相信，光溜溜
才是存在的无耻本质呢？

镜子擦亮了，你不还是
长得像一堆皱巴巴的内衣吗。

你却用汗臭告诉我们，世界
只是一种可以洗掉的气味。

但还有骨头的每一寸灰尘，
始终蒙在心灵的幻影上。

还有肺腑里升腾的狼烟，
宣告你刚烧尽的勇气。

透过浓雾你必须看清楚
水平线在腰的哪一端。

洗内脏的时候你也要
小心断肠，更不能心碎。

那么灵魂呢，你打算
搓多久才让它自由奔逃

假如你是自己揉不烂的面团，
把手放进别人身体试试呢。

田原

1965—

狂想曲

海底的城堡被水抚摸出畅想
时间渐渐还原着历史的面目
悬崖上百米高的佛像耳朵被风吹掉
但他仍微微闭目聆听着世间

美人鱼穿着海藻的裙裾翩跹
在沉船里梦想着海葬的船长
小鱼躲在鲨鱼的嘴里小憩
海面上感受阳光的海带晒黑了臂膀

戈壁和沙漠渴望着暴风雨袭击
草原上，马匹惊心动魄地交配
蜥蜴追赶着顽固抵抗的小虫
大地里饥渴的精灵被铁塔压着
它湖泊的耳朵里灌满了雷声

一棵大树被伐倒的轰响声

是森林的一声叹息

鸟群带着枪声的创伤飞回巢内产卵

鼯鼠像一团黑色的幽灵

从一棵树窜到另一棵树寻觅食物

河灯被流水漂走

在越来越溷浊的河面上

像流萤使人们发出内心的感叹

篝火在少女们的情歌里熄灭

樵夫捆柴的绳子变成了蛇

在半山坡上蜿蜒

牧人用短刀劐开山羊的肚皮

凉棚上长满秘密的葫芦裂开

被称为狴犴的猛兽在传说中复活

木乃伊的忧伤被时间破译

善良的羊群跑不出饿狼的瞳孔

蒙古，一座注定在地平线上上升的草原

威尼斯，一座渐渐被海水啮噬的都市

北中国，一片一寸寸被黄沙埋葬的陆地

地球，一个足够被文明伤害的星体

人类在月球上已写下太多的谎言
宇宙中的垃圾正悄声地坠入大西洋
人类啊！让我们静静地聆听风声
眺望初升的太阳和星月的光芒吧
然后，让我们也看清彼此的脸庞

断章

1

神社里泛白光的

是去年的落雪

一阵寒冷，来自

刚被秋风刮走的夏季

2

棕榈树的手掌合拢

孤零零地兀自忏悔

云变低了，擦着

石狮子发亮的鬓鬃

3

老鼠逃离粮仓和农田

属鼠的人闭门不出

磨尖牙齿

一只老鼠在干燥的季节里

蹚起尘土，嘲笑说

人都在笨拙地打洞

4

手无寸铁的鬼变得胆小了

在黑暗的深处，一点一点地

吞噬光明。从此

英雄显得懦弱和胆怯

5

花猫找到了它断掉多年的尾巴

却永远地失去了在横杆上的平衡

蝙蝠冲出夜晚，飞进白天

阳光透过它充血的翅膀

是黑色的

6

偌大的湖干涸了

一首船歌陷进泥沼

食鱼的鸟在空中凯旋

白鹭的一只腿缩回腹内

扬起颈，唱起生命的挽歌

7

猫头鹰飞进人家

遒劲的指爪抓破宁静的时间

弯钩的嘴发出弯曲的叫声

饕餮尽瓷盘中的图案

8

诗人们逃离家园

带着自己的玫瑰随岛漂流

修路、造屋、耕种、酿酒

把鞭子狠狠地抽响在

异国的脊背

9

九名处女手挽手走出花园

唱着民歌，扭动

她们成熟的臀部

隔着一条浅浅的小河

她们的歌声一点点地嘹亮

——处女的声音

10

黄昏升起

有人去月亮里植树

白兔子惊悸地躲到

杵臼舂米婆婆的裙下

月下，玩弹弓的少年

如今在拆装手枪

11

一片野生的向日葵在午夜

为凡·高枯死。星星陨落

被谁捡起。又是谁浑身发光

像燃烧的火焰

走向枯草丛生的墓冢

去点燃那些经年的魂灵

12

那么多的石碑都风化了

仍有人在石头上日夜凿刻自己的名字

不朽的愿望总是比灵肉先腐烂

无数逝去的光阴足以证明

人死了，是去了目光之外的地方

重新诞生

13

天空寒冷得痉挛的时候

雪是开在空中的花朵

大海的一端连着云

云分娩出太阳

太阳坠进黑夜

14

风从一片草叶上吹起

跌摔在通天大厦的墙下

敞向白云的窗子里

年轻的贵夫人围着发高烧的狗

忧伤

15

一个火星接一个火星在前方闪烁

一片又一片大火在身后熄灭

雪融化在了远方

水却又在近处冻结

语言诗派：诗不是思想写的，而是语言写的

对谈者：詹姆斯·谢里，黄梵

访者：李子俊

翻译：孙冬

李子俊　首先欢迎您来到中国！既然在中国，请允许我先引一句马克思的话作为开场白："我们对这世上的一切，都不陌生。"中国思想家孟子所说的"万物皆备于我"，也有近似的意思。我认为，这两句话都很好地重申了美国语言诗派的核心理念，即认为：一，万事万物皆有其内在关联；二，这种关联是人能够认识并把握的。当然，这只是一种断章取义的字面呼应，它并未抵达语言派诗歌直接对应的思想传统。对于该诗派的思想来源，您可否展开谈谈？

詹姆斯·谢里　语言诗派有很多思想来源与分支，同诗派的诗人对本派也常有不同的理解。但无论如何，"物质主义"都是一个语言诗派的理论共识。在该诗派之前，诗人都将语言视作一种表达工具，用以反映现实。人们

将语言理解为一种透明的介质,能指与所指都具有很强的直接性,这就使得人们只看见事物,而看不到语言本身。如果语言是透明的,它就具有了政治性,作者可以用十分隐秘的方式操纵读者的思维,在我看来,这是一种欺骗。事实上,在作品中,诗人充满了表达技巧与叙事策略,这些都是隐性的存在。而语言诗派的目的,则是使这一过程变为可见。我们希望使读者意识到:文本作为一种策略,它就是现实本身,而并非仅为描述现实的工具。我们的理念是凸显语言的物质性,比如,诗人会有意偏离读者的阅读习惯,诗不是一行行顺序写就,而是创造新的秩序,要求读者自行发现作品的真正结构;字母有可能横向排,也有可能纵向排,甚至使读者关注到词汇的间距。对有些诗人来说,间距即时间,读者从一个词读到下一个词所花费的时间,也是创作考虑的一部分。"I—like—this—tea—a—lot"——时间性、视觉性,都构成诗的含义。当词汇凸显时,世界也随之消失——通过词看见世界,这是惯常的做法;而通过凸显词本身,使世界消逝,则是新的理念。

你或许会问:那么美感呢?精神呢?它们在语言诗中是否也一同变得不再重要?我的回答是:人类的生活中本身就充盈着精神,语言诗的目的在于强调语言材料的物质性。中国艺术家徐冰,曾用工地建筑材料在纽约的一座教堂里做了两只凤凰，我们非常喜欢这件作品，因为它非常传神地再现了凤凰这一古老象征在现代中国的意味，它将物质性处理得十分恰当，这与语言诗派的理念不谋而合。

李子俊　的确，人性与物性总是相互遮蔽。现代世界充满了物性，而诗人选择用精神与之对抗，这尽管令人尊敬，但毕竟没有直入物性本身；具备强烈的审美特征，但缺乏冷峻的智识穿透。这本来无可厚非，因为人们认为理性洞见不是诗歌的职责所在。看到语言诗派的尝试，使我非常惊讶。然而，语言诗在提供作品的同时，似乎并没有提供相应的阅读训练，对没有此类经验基础的读者而言，一首作品在意涵中含有太多歧义，是否也是一种冒犯？

詹姆斯·谢里　肯定是冒犯了（笑）。对此我想说两点：一，我认为合格的读者，有义务不断训练自己的头脑，接受新的事物。而就我三十年语言诗写作的经验来看，人们似乎非常不愿意改变已有的习惯。我意识到了你所发现的问题，但是，人们对于“诗歌”的界定也许太过狭隘了。因此，语言诗一直非常小众；小，有小的好处。第二，不同的诗总是为不同的读者写就。在语言诗派之前，比如纽约诗派，他们选择用日常化、口语化的方式写诗，这使得他们的读者群就会广泛很多。语言诗派则更多向精英阶层、知识阶层喊话，他们更加关心语言结构本身，以及语言是否具备更多的可能性。

李子俊　我想问的另一个方面是：当读解陷入巨大的不确定性时，如何保证创作的真诚？事实上，每一种写作传统，也都意味着一种伦理传统，语言诗如何保证写作伦理在自身创作中依然有效？

詹姆斯·谢里　你说得对，也不对。很多人对语言诗派都有这样的诟病，即“玩弄词汇”，然而，玩弄词汇并不意味着不真诚与不严肃。诗人之所以这样做，乃是为了展现这个世界本身具有的多义性有复杂性。对我来说，这意味着一种严谨的分析过程，对另一些人而言，则意味着一种激进的政治姿态。语言诗所要表达的是一种“混沌哲学”，它力图告诫：人们对世界的理性化有很大的虚妄性。

黄梵　这是一个很好的问题，这个问题其实意味着：我们该如何对待写作伦理中的不确定性？在诗歌中创造不确定性，这传统在中国古代就已经有了。中国人通过意象，使词汇直接作用于感官，已能充分传达多义性的存在，因此，也无需在语法层面做太多的试验。英语恰恰由于词义的具体，导致它必须通过语法的试验、视觉的排列来产生多义效果。

中国与西方都有各自的写作伦理传统，比较而言，我认为美国诗人造假的可能性比中国诗人要小，因为其中有一个强大的宗教传统在起作用。中国自古以来便是一个实用主义社会，当实用遭遇机会，就容易产生投机。这个忧虑，我们似乎要更深一些。

李子俊　您对中国诗歌有何看法？

詹姆斯·谢里　和语言诗派一样，中国诗歌具有众多走向。汉语具有很强的多义性，而英语则非常具体。因此，在诗学观念与审美趣味上，会有很多冲突。中国诗人内部，似乎也存在很多分歧：一些人试图回到过去，一些人选择折中，另一些则要与过去诀别。

李子俊　关于诗歌的未来，你们为何都支持中西融合的方向？

詹姆斯·谢里　让我谈一首诗吧——黄梵的《蒸汽火车》。我是从语言的角度出发看待这首诗的：蒸汽火车在前行，语言的屏障也在前行，这种前景和后景的错位与交融非常有趣。这首诗很好地再现了东西方诗歌的动态——交错、重合，前景与后景的交替转变。诗人的责任是：让人们意识到变化的过程。当代诗歌是一切人的诗歌，当代诗学也是一切人的诗学，它值得大洋两岸的诗人共同关注。

黄梵　詹姆斯有一个观点，他说：世界诗歌的未来在中美之间，我认为这也许是对的。人，都有理性和感性的两面，过去东方诗歌比较强调感性、直觉一面；西方偏向理性、逻辑的一面。在悖论性的世界现实中，中美各执一端；由于人性的需要，二者也必将走向融合。20世纪的诗歌，出现了一种“制式”的因素，这对中国诗歌是一种很强的刺激。中国的现代主义诗歌，都与制式的引入有关。中国诗歌比较感性与浪漫，需要制式的约束。在八九十年代，我们对此有一个认识逐渐加深的过程。80年代有些矫枉过正，将理性精神过分拔高；90年代又开始过分强调形而下的日常生活。在新世纪，这二者似乎有一种更好结合的契机。我一直以来努力在做的是：既保持诗歌的抒情性，同时又具备智性。娜夜有一句诗："（芦苇）野茫茫的一片，像我们的爱，没有内容。""野茫茫一片"只是一种感觉，而后半句则充满了智性，过去汉诗一般不这样表达。

李子俊　语言诗进入汉语世界，大致是一个怎样的过程？

黄梵　刚才詹姆斯谈到了美国语言诗派的一些核心理念，这些理念的发生，在中国相对滞后。大概在1988年，诗人车前子、周亚平、路辉，在南大读作家班的时候，我也常和他们一起玩。在这期间，大家都有种感触：汉语的原始含义，在历史的变迁中发生了变异与丢失。诗歌的单纯性，在文化的累积发展中，也慢慢变异与丢失——大家发现：语言变脏了，它变得不透明了。这个说法和詹姆斯的正好相反，但也是一体两面。不透明的语言，使我们透过它看到的世界，是一个茫然的世界、不真实的世界、偏离了本相的世界。所以当时我们希望恢复语言的单纯性，在使用它指认事物时，能唤起人们那些更本真的反应。于是，诗人便采取了各种各样的方式进行尝试，比如打破现有语法，在这一点上车前子做得比较极端。而我则选择将词组织成一个独特的句子，通过句义改变词汇的既有含义。这有点像詹姆斯之前所讲的，当我们在页面中看一个词的时候，可以横向看也可以纵向看，这里隐含的心理基础就是格式塔心理学——当我们将一些事物放在一起时，我们会将其视作怎样的整体、看出怎样的含义，这是因人、因时而异的。但前提是事物的组合方式能让我们觉得它是一个整体。在几个有限事物之间，通过不同的排列组合，可以构成很多不同的整体。

在我看来，这套心理学理论其实来自早期诗歌思维，即隐喻方式。诗歌出现得很早，它比哲学、科学都要早，在原始时期，原始部落里，其实每个人都会一点诗，因为诗朗朗上口，便于信息记忆。但是在这种使用中，其实使诗歌产生了大量隐喻：用一个事物与另一事物相比较，通过比较，我们能更加充分地表达眼前想说的事物。比如说“女人像花”——女人和花是完全不同的两件事，但彼此激发出新的效果。

这种思维在科学中也常有体现。科学用模型对应思维中的世界，在本质上也是一种隐喻。早在古希腊时，毕达哥拉斯就把“数”和外部世界进行过这种对应。在这方面，哲学显得比较自大：它认为自己可以直接说明事物本身，而不借助于他物。当哲学这样做时，它发现自己必须依赖一套符号系统、概念系统。事实上，与科学相比，这套系统的具体性、细节性要差一些，同时也依然蕴含着早期诗歌的隐喻思维。

诗人张子清意识到了美国语言诗派与中国诗人的共性，所以便牵线，促成了在93、94年于南京、苏州进行的跨国诗人会面。到了90年代中后期，由于一些成员的诗歌理念出现了变化——比如我——大家就慢慢开始分道扬镳了。

李子俊　是什么造成了您的转向？

黄梵　其实，我的转向并没有抛弃语言诗派的一些早期思想。如前所说，语言诗派希望使语言恢复它原有的功能，不再背负繁重的文化包袱。这个去包袱的过程在我当下的诗歌写作中仍在努力实现。在语言诗阶段，我是通过创造新的句法，带有游戏性的词语组合来完成。但比起遣词造句的新意，现今我更愿融入个人经验，从看待事物的新意出发，在这个过程中，语言的包袱也自然而然地甩掉了。同时，我也认识到，意象的方法具有很强的单纯性：一朵花，一只鸟，一座山……无论人类世界如何发展，这些意象的单纯性都不会被破坏。让我的语言靠近这些单纯的意象，语言就有被清洗的可能。

李子俊　如您所说，早期诗歌就已具备隐喻思维，而早期哲学，它关心的问题也很明确：事物如何是其所是。随着现代科学的登场，哲学对事物"是其所是"的解释力、说服力式微，转而开始关注观念领域。在这个背景下，诗歌是否重新思考过自身的诗意？

黄梵　诗歌根植于人性，人性常有悖论性的两面，整个社会文化都建立在人性的基础之上，因此也充满悖论。人一方面要求"安全性"，同时又向往"冒险性"，这在社会生活中就表现为对传统的固守与对变动的追求。譬如如今人们总爱说“民主”、“自由”，这其实分别对应着“安全”与“冒险”的诉求。

其实，诗歌思维就是这种悖论性的集中体现。善恶、美丑、黑白，在诗人眼里都具有相对性，他不会像常人那样固守一端。在这个意义上，诗人其实更接近本相，他看到了世界的复杂性，于是常常在诗作中力图跨越这些界限。比如博尔赫斯在《我的一生》中写过一句话：“我总是接近快乐，也接近友好的痛苦”——诗人拒绝单一的苦乐，否则也不可能有《恶之花》这样的书名。常人由于刻意回避世界的双重性，因而也对诗人抱有恐惧——诗人总说出令他震惊的话。诗歌有隐喻、意象、象征思维，都是对世界双重性的表达。什么是象征？最初在古希腊，人们将一片陶片一分为二，各持一半，这代表一种约定。这一半陶片慢慢就获得了“约定”的象征含义。人们看见鸳鸯，就想到情侣，是同样的道理。将物象与含义合二为一，才是完整的诗意。

李子俊　在《理想国》里，柏拉图号称要将诗人赶出理想国，因为诗人造成名实不符、人心动荡。您是否检视过，语言诗派是否对于社会现实的良善具有充分的正当性？

詹姆斯·谢里　美国在19世纪60年代时，人们逐渐厌倦了道德的说教，开始意识到了道德故事的欺骗性。而语言诗派，恰恰是向公众还原一种真实的文本建构过程，以满足人们对于真实性的需要。我们不止于探讨语言、思维的问题，同时也在关心整个物质世界；不仅谈论单一的人类生活，也将人类生活与广大的自然界相对应。语言诗派鼓励人们用不同的视角看世界，拒绝单一性与陈词滥调，这恰恰是它最负责任的表现。

人与物究竟处于何种关系中？——时而强，时而弱，时而短暂，时而永恒。如果我们了解到这些关系，我们就能更好地与之和解。

李子俊　法国哲学家萨特曾试图用小说说出他的哲学理念，显然，他做得不够好。在您看来，诗人作诗，是否也需要一套哲学信念为基础？

詹姆斯·谢里　一定是这样的，只不过有些隐含，有些外显；有些模糊，有些清晰；有些自知，有些不自知。

李子俊　在当今美国社会，哲学家与诗人的社会处境分别是怎样的？

詹姆斯·谢里　这是个有趣的问题。在美国，哲学家与诗人收入都不多——但哲学家总要比诗人多一点（笑）。我常常鼓励身边的诗人不要局限于文字的狭小空间，而去投身更多更广大的领域，这些年，我对自然、艺术、诗歌、人类内部认知、社会对自然的外部建构、等级秩序与包容性等，都做过很多思考。这个说来话长，放过不表。

黄梵　我可以补充说一下。哲学希望把握世界的不确定性，而诗人认识到把握的不可能，于是更愿欣赏它所展现的各种形态；一个试图抓取，一个选择放任，结果，你会发现哲学家注定失败。

与西方相比，诗人与哲学家的处境在中国很不一样。在古代，“诗”与“士”紧密联系在一起，诗歌作为科举的一把钥匙，因此，诗歌的世俗地位也随之提高。反观哲人，中国似乎并没有真正意义上的职业哲学家，每个诗人，都可以是个哲人，诗歌反而是哲学的基础。到了当代，由于“诗”与“士”的分离，诗的地位慢慢趋近于西方：诗人是一个流浪者、一个漫游者、一个骑士。在西方，也只有但丁凭借一己之力，将诗人的地位提高到了与哲人平视的地位，但随着时代的发展，诗人的地位一直都在衰落。在当代中国，一个哲学教授的地位似乎挺高，但你从没有听过有一个“诗歌教授”的职称。诗歌创造意味着巨大的偶然性，如果从人性考量，人们当然会更加信赖追求必然性的哲学，而弃绝诗歌。从这个意义上看，诗人如果不与大学联系在一起，他的地位必然不高。这也是为什么很多美国诗人选择在大学任教的原因，通过大学职称，赋予诗人身份以社会安全感，这是一个很聪明的做法。

李子俊　马拉美有一句话：“诗不是思想写的，而是语言写的。”这句话似乎被语言诗派奉为圭臬。

詹姆斯·谢里　其实我更愿意说是他的另一首诗《骰子一掷绝不会破坏偶然》更具代表性。他在临终之前写过一本书——*The Book*，讲述了一千多种折纸的方式，以此体现语言的物质性。

李子俊　人的确无法用偶然改变偶然性——诗人都是相对主义者吗?

詹姆斯·谢里　不尽然。一些诗人只是借诗歌表达他们的政治诉求,比如,有些诗人是坚定的马克思主义者。与其说诗人相对主义,不如说他们一直在努力“去中心化”。

李子俊　马克思是位好诗人吗?

詹姆斯·谢里　是的。

黄梵　我接着你关于“相对主义”的问题多说两句。其实,诗人的相对与虚无感是一种假象。很多人认为感觉来自内心,殊不知感觉也可以来自观念,如果能具备改变观念的勇气,诗歌与哲学,都不会有什么“刻板印象”。

附：

蒸汽火车

黄梵

用蒸汽，与乡村的炊烟握手
用铁轨，铺出远方清冷的夜色
分手的伤痛，找到了铁轨这张世上最长的床
轮子的昼夜响动，奏出了世上最优雅的痛

他不知万里之外雪的寂静
像方言，已被官话融化
从此，他每年用生日这枚钉子
钉住漂泊的人生，如同背包客
用一把车站的钉子，钉住乱世的风景

铁轨是祖国这片叶子上最清晰的叶脉
把人流像泪水，送进每个受伤的村庄
火车已是长蛇，小心穿过雪山的白大褂
避免与雪崩一起合唱

它更像扩阴器，扩开了双乳峰的下体
四周站满不说话的雪山大夫

他像火车体内异位的胎儿
始终不肯下车出世，直到挂满天空的星星露珠
擦亮月光这把银刀，剖开它的肚子

再次上路时，火车失望地朝戈壁吐着烟圈
他也像蒸汽，踮起脚尖向家乡眺望——
正挥手告别的蒸汽啊，最多能掩饰悲剧
却不能避免悲剧

图书在版编目(CIP)数据

哲学系:终身在高处行走. 第一辑 / 李子俊著. -- 南京:江苏人民出版社, 2018.3

(哲学系. 第一辑)

ISBN 978-7-214-21852-0

Ⅰ. ①哲… Ⅱ. ①李… Ⅲ. ①哲学-通俗读物 Ⅳ. ①B-49

中国版本图书馆CIP数据核字(2018)第055755号

主　编　黄　梵

书　　名	哲学系:终身在高处行走(第一辑)
主　　编	李子俊
责任编辑	周晓阳
装帧设计	李若能
执行编辑	许耀元　陈淑仪
出版发行	江苏人民出版社
出版社地址	南京市湖南路1号A楼,邮编:210009
出版社网址	http://www.jspph.com
照　　排	江苏凤凰制版有限公司
印　　刷	江苏凤凰扬州鑫华印刷有限公司
开　　本	787毫米×1092毫米　1/32
印　　张	8.25
字　　数	100千字
版　　次	2018年6月第1版　2018年6月第1次印刷
标准书号	ISBN 978-7-214-21852-0
定　　价	32.00元

(江苏人民出版社图书凡印装错误可向承印厂调换)